Kodawari: Japanische Exzellenz - Kultur und Menschlichkeit als Wettbewerbsvorteil

Michael Okada

Kodawari: Japanische Exzellenz - Kultur und Menschlichkeit als Wettbewerbsvorteil

Michael Okada
Berlin, Deutschland

ISBN 978-3-658-48525-2   ISBN 978-3-658-48526-9 (eBook)
https://doi.org/10.1007/978-3-658-48526-9

Die Deutsche Nationalbibliothek verzeichnet diese Publikation in der Deutschen Nationalbibliografie; detaillierte bibliografische Daten sind im Internet über https://portal.dnb.de abrufbar.

© Der/die Herausgeber bzw. der/die Autor(en), exklusiv lizenziert an Springer Fachmedien Wiesbaden GmbH, ein Teil von Springer Nature 2025

Das Werk einschließlich aller seiner Teile ist urheberrechtlich geschützt. Jede Verwertung, die nicht ausdrücklich vom Urheberrechtsgesetz zugelassen ist, bedarf der vorherigen Zustimmung des Verlags. Das gilt insbesondere für Vervielfältigungen, Bearbeitungen, Übersetzungen, Mikroverfilmungen und die Einspeicherung und Verarbeitung in elektronischen Systemen.
Die Wiedergabe von allgemein beschreibenden Bezeichnungen, Marken, Unternehmensnamen etc. in diesem Werk bedeutet nicht, dass diese frei durch jede Person benutzt werden dürfen. Die Berechtigung zur Benutzung unterliegt, auch ohne gesonderten Hinweis hierzu, den Regeln des Markenrechts. Die Rechte des/der jeweiligen Zeicheninhaber*in sind zu beachten.
Der Verlag, die Autor*innen und die Herausgeber*innen gehen davon aus, dass die Angaben und Informationen in diesem Werk zum Zeitpunkt der Veröffentlichung vollständig und korrekt sind. Weder der Verlag noch die Autor*innen oder die Herausgeber*innen übernehmen, ausdrücklich oder implizit, Gewähr für den Inhalt des Werkes, etwaige Fehler oder Äußerungen. Der Verlag bleibt im Hinblick auf geografische Zuordnungen und Gebietsbezeichnungen in veröffentlichten Karten und Institutionsadressen neutral.

Planung/Lektorat: Carina Zimmermann
Springer ist ein Imprint der eingetragenen Gesellschaft Springer Fachmedien Wiesbaden GmbH und ist ein Teil von Springer Nature.
Die Anschrift der Gesellschaft ist: Abraham-Lincoln-Str. 46, 65189 Wiesbaden, Germany

Wenn Sie dieses Produkt entsorgen, geben Sie das Papier bitte zum Recycling.

Geleitwort

Sehr geehrte Leserinnen und Leser!

Es ist uns eine besondere Freude, ein Grußwort für das Buch „Kodawari: Japanische Exzellenz – Kultur und Menschlichkeit als Wettbewerbsvorteil" von Michael Okada zu verfassen. Als Speaker im Samurai Museum Berlin hat Michael Okada bereits eindrucksvoll gezeigt, wie er seine einzigartige deutsch-japanische Perspektive nutzt, um Brücken zwischen Kulturen zu schlagen und tiefgreifende Einsichten in Themen wie Produktivität und menschliche Verbundenheit zu vermitteln.

Auch als Autor seines wöchentlichen Blogs kenne und schätze ich ihn sehr. Seine Perspektivwechsel sind stets klug, überraschend und inspirierend. Sie eröffnen neue Denkräume und laden dazu ein, das Bekannte aus einem anderen Blickwinkel zu betrachten. Ihm gelingt es die tiefgreifenden Werte aus der japanischen Kultur, mit aktuellen Fragen der Führung, Wirtschaft und dem gegenseitigen Respekt zueinander neu zu verknüpfen. Mit Feingefühl, Authentizität und Blick für das Wesentliche. Gerade deshalb kann ich dieses Buch nur wärmstens empfehlen.

Sein Werk „Kodowari" lädt uns ein, die Balance zwischen Effizienz und Menschlichkeit neu zu denken, ein Anliegen, das in der heutigen Zeit von enormer Bedeutung ist. Die Lehren, die er uns nahebringt, erinnern an die zeitlosen Werte der Samurai: Respekt, Integrität und das

Streben nach Exzellenz. Diese Prinzipien verbinden sich in Michael Okadas Ansätzen zu einer modernen Vision, die den kulturellen Reichtum beider Welten, Deutschland und Japan, vereint.

Wir sind davon überzeugt, dass dieses Buch Sie inspiriert und zum Nachdenken anregt. Es ist ein Appell an das, was in der Hektik des Alltags oft vergessen wird: Menschlichkeit, Achtung und das Streben nach echtem gegenseitigem Verständnis.

Mit besten Wünschen für Ihre Lektüre, Ihr Samurai Museum Berlin im Frühjahr 2025

Alexander Jöchl
Museumsdirektor/Museum Director
SAMURAI Museum Berlin GmbH

Vorwort

Dieses Buch beginnt nicht mit einer Antwort. Sondern mit einer Frage.

Was, wenn in unserem Streben nach Effizienz das verloren geht, was uns eigentlich verbindet?

Zwischen zwei Welten aufgewachsen, mit einem japanischen Vater und einer deutschen Mutter, erhielt ich tiefe Einblicke in zwei unterschiedliche Wertesysteme, die trotz gemeinsamer Grundprinzipien oft zu verschiedenen Schlussfolgerungen führen. Je intensiver und erfolgreicher meine berufliche Karriere wurde, desto deutlicher erkannte ich die Spannung zwischen dem, was ich in unserem westlichen Geschäftsalltag tat, und dem, was ich durch meinen Vater an japanischen Werten vermittelt bekommen hatte. Ich erlebte, wie ein und dieselbe unternehmerische Entscheidung durch diese unterschiedlichen kulturellen Linsen betrachtet zu völlig anderen Herangehensweisen führen konnte.

Diese persönlichen Erfahrungen haben mich geprägt. Und sie haben mich immer wieder zu einer Frage geführt: Warum denken wir stets in „Entweder-oder" statt in „Sowohl-als-auch"? Warum müssen wir uns zwischen japanischer Hingabe und deutscher Direktheit entscheiden? Zwischen der Kunst des Zuhörens und dem Mut zur Entscheidung?

Dieses Buch ist kein kultureller Reiseführer, keine Anleitung zum interkulturellen Management, kein Rezept für schnellen Erfolg. Es ist eine Einladung zum Perspektivwechsel. Ein Versuch, die Prinzipien, die ich in beiden Kulturen erfahren durfte, für unsere Zeit und unsere Arbeitswelt nutzbar zu machen. Zum Nachdenken. Und vielleicht sogar zum Umdenken.

Ich schreibe es, weil ich glaube, dass Harmonie und Leistung keine Gegensätze sind. Weil Empathie mehr bewegt als bloße Strategien. Und weil Führung mehr sein kann als Effizienz in Zahlen.

Dieses Buch ist für jeden, der spürt, dass unser aktuelles Wirtschaftsdenken an Grenzen stößt. Für jeden, der ahnt, dass wir mehr von anderen Kulturen lernen können, als wir vermuten könnten. Für jeden, der bereit ist, seine tiefsten Überzeugungen darüber, wie Wirtschaft „funktionieren muss", zu hinterfragen.

Diese Reise zwischen den Kulturen wäre ohne die Menschen, die mich auf diesem Weg begleitet haben, nicht möglich gewesen. An erster Stelle möchte ich meinen Eltern danken, zwei ganz besonderen Menschen. Alles, was ich bin und was ich erreichen durfte, steht auf den Schultern ihrer unermüdlichen Liebe und ihres grenzenlosen Vertrauens.

Türkan, meine Frau. Sie war mein Fels, als ich Zweifel hatte, mein Spiegel, wenn ich nicht weiterkam, und mein Kompass, wenn ich den Weg verlor. Danke, dass du an mich geglaubt hast, vor allem dann, wenn ich es selbst nicht tat.

Danke auch an Volker Geyer, meinen Geschäftspartner bei der formcraft GmbH und echten Freund, der mir den Rücken freigehalten hat, damit dieses Buch entstehen konnte.

Und nicht zuletzt Dank an meinen Publizisten Heiko Mehnert, denn dieses Buch zu schreiben war seine Idee.

Mein erstes Buch „Kodawari 1.0" war der Anfang. Eine erste Annäherung an ein Thema, das größer wurde, je tiefer ich eintauchte. Einige Gedanken aus Kodawari 1.0 finden sich überarbeitet und weitergedacht auch in diesem Buch wieder. Sie waren nicht falsch, nur nicht vollständig. Nicht endgültig. Und manche Fragen verlangen eben mehr als eine erste Antwort.

Auch einige der Unterkapitel dieses Buches sind aus Blogbeiträgen und LinkedIn-Posts entstanden. Was dort als Impuls begann, war oft durch eine klare Grenze der Plattform definiert: 3000 Zeichen. Die maximale Vorgabe für einen einzelnen Beitrag. Ein Rahmen, der zwingt zu Kürze, zur Verdichtung, zur Zuspitzung. Aber auch ein Rahmen, der Tiefe verhindert, wo sie nötig wäre.

Denn zwischen den Zeilen eines Posts liegt oft das, was wirklich bewegt. Dieses Buch war die Chance, genau dort hinzuschauen. Und dem, was sich zeigt, mit der gebotenen Ernsthaftigkeit zu begegnen.

Dabei blieb es nicht nur bei Worten: Alle Bilder in diesem Buch stammen von mir. Sie sind keine bloße Illustration. Sie sind Teil der Erzählung. Ein Versuch, Stimmungen sichtbar zu machen. Gedanken nicht nur in Worte, sondern auch in Bilder zu fassen. Jedes Foto ist ein Blick, mein Blick auf das, was war, was ist, was vielleicht sein könnte.

Es ist mehr als eine Sammlung von Texten und Fotografien. Es ist eine Einladung, Bekanntes neu zu sehen. Und vielleicht anders zu verstehen.

Willkommen auf einer Reise zwischen Präzision und Präsenz. Zwischen Wirtschaft und Würde. Zwischen Deutschland und Japan.

Ich lade Sie ein, mit mir diese Fragen zu stellen.

Und vielleicht einige unerwartete Antworten zu entdecken.

Berlin, Deutschland	Michael Okada
Mai 2025	

Interessenkonflikt

Der/die Autor*in hat keine für den Inhalt dieses Manuskripts relevanten Interessenkonflikte.

Inhaltsverzeichnis

Einleitung   1

Deutschland und Japan: Ich und Wir   5
Einleitung   5
Die stille Kunst des Alltäglichen   8
Die zwei Hände der Wertschätzung   10
Wer hat es verdient?   11
Die Authentizitätsfalle   13
Generation „Unzufrieden"   16
Ist das Homeoffice seine Illusion, die nur im Westen funktioniert?   18
Zwei Seelen der Vier-Tage-Woche   19
Die *sankin kōtai*-Absurdität: Wie Japan Präsenz anders definiert   21
VW vs. Nissan: Wer wirklich führt   24
Privatisierung ist der Weg, oder?   25
Dieser Moment auf der Tanzfläche …   28
Jenseits der Vereinzelung: Ein Radio verbindet Japan   29
Was die Arbeitskultur kleiner Kabinen über
zwei Gesellschaften verrät   34
Scheideweg   37
Literatur   40

Voneinander lernen: Der Dialog zwischen Deutschland und Japan als Wettbewerbsvorteil — 43

Einleitung — 45
Die unmögliche Gleichung — 46
Was haben Sony und die US-amerikanischen Präsidentschaftswahlen gemeinsam? — 49
Äpfel und Nüsse — 51
Emotionalität und Präsentation — 53
Eine simple Tasse Kaffee wischt Ausreden weg — 55
Die Zukunft der Arbeit ist nicht im Home-Office. Sie ist im Everywhere-Office — 57
Wenn der Chef im Anzug zur Toilettenbürste greift — 60
Die übersehene Kriegerin — 64
Die Illusion der Einzelkämpfer — 66
Die vergessene Weisheit der Samurai-Führung — 69
Die stille Revolution der Loyalität — 72
Kyōsei: Das unterschätzte Geschäftsprinzip — 74
Das Sandwich-Prinzip — 78
Literatur — 81

Das gesprochene Wort und das gelebte Vertrauen: Wege der Geschäftsbindung — 83

Einleitung — 83
Samurai in Nadelstreifen — 85
Die wichtigste Währung — 89
Toyota vs. Volkswagen: Warum dieser Vergleich mehr Sinn macht als Äpfel mit Nüssen — 91
Die bittere Wahrheit — 93
Wo sitzen Sie? — 95
Service mit Stil — 96
In Deutschland: Sterbender Einzelhandel — 97
Das Shōgun-Prinzip: Neuerfindung ohne Selbstaufgabe — 99
Ein Vertrag oder echte Partnerschaft? — 101
Entschuldigen Sie sich 20-Mal — 104

Die stille Kraft des ersten Schrittes	107
„It's Tea Time!"	111
Omotenashi: Die Rückkehr des Service	114
Die universelle Sprache des Geschäfts: Eine Lektion aus Tokio 1964	117
Die Frage, die alles veränderte	119
Nemawashi – Die Kunst, leise zu führen	121
Literatur	126

Exzellenz im Detail: Was deutsche Effizienz von japanischer Sorgfalt lernen kann — 129

Einleitung	129
Monozukuri: Die japanische Kunst des Erschaffens	131
Das 7-Minuten-Wunder: Die Effizienz der Wahrnehmung	134
Kodawari oder Skalierung?	136
Qualität und Einfachheit: Die unerwarteten Zutaten für Innovation	138
Warum Japan Weihnachten liebt, aber Ostern ignoriert?	140
Das japanische Service-Paradox	142
Wer kauft sich unserer Zukunft?	144
Die stille Revolution auf dem stillen Örtchen	145
Die Kunst der kontinuierlichen Erneuerung im Zeitalter der KI	150
Chōrei: Die 15-Minuten-Morgen Routine	153
Literatur	156

Gelassenheit in der Krise? Resilienz und Wandel aus deutsch-japanischer Perspektive — 159

Einleitung	159
Der Streik, den keiner spürt (und der, von dem alle sprechen)	161
Vorbereitung: Die Samurai-Strategie für moderne Führungskräfte	164
Karōshi: Tod durch Überarbeitung	166
Karenztage? Ein Vorschlag, der krank macht	168

Die digitale Melancholie: Warum wir vom japanischen Umgang mit dem Ende lernen müssen	169
Die Lektion der 111 Pferde	173
Die unsichtbare Generation: Japans Lehre für eine stille Krise	174
Die unbeabsichtigte Dynamik	178
Literatur	181

Zwischen Pflicht und Exzellenz: Japanische Lebensphilosophie als Orientierung

	185
Einleitung	185
Frei haben, ohne frei zu sein: Urlaubskultur zwischen Japan und Deutschland	186
Der andere Blick auf Kundengespräche	188
Inemuri: Das Japanische Nickerchen	190
Der Pflegenotstand ist beendet	192
Japanische Innovation überholt französische Tradition	194
Agile Führung: Die perfekte Ausrede für Führungsschwäche?	196
Gewinner	199
Die kleinen Dinge, die alles bedeuten	201
Die vergessene Kunst der Führung	203
Mehr Avatare	205
Ist das die Zukunft oder der Anfang vom Ende?	206
„Würden wir helfen?" Ein Blick auf Resilienz, Zusammenhalt und die Frage, wie wir eigentlich leben wollen	208
Literatur	211

Fazit 213

Autorenseite

Michael Okada ist ein deutsch-japanischer Unternehmer, Keynote Speaker und Impulsgeber für neues Denken in Wirtschaft und Management. Nach Stationen bei Daimler Benz IT-Services und T-Systems gründete er die formcraft GmbH, ein Unternehmen für innovative Softwarelösungen.

Geprägt von seinen interkulturellen Wurzeln, verbindet Okada analytische Klarheit mit einem ungewöhnlichen Blick auf gewohnte Strukturen. Seine Vorträge und Texte setzen Denkimpulse, die zum Perspektivwechsel anregen, fernab von Managementphrasen und Beratungsroutine.

Als Autor bringt er frische, manchmal unerwartete Einsichten auf den Punkt.

Für alle, die sich nicht mit dem Status quo zufriedengeben.

Einleitung

Warum dieser Titel? Kodawari. Der Titel war keine strategische Entscheidung. Er war eine innere.

Kodawari, ein Wort, das in keinem deutschen Wörterbuch zu finden ist. Ein Begriff, den man nicht einfach übersetzen kann, weil er nicht nur eine Handlung beschreibt, sondern eine Haltung, eine Philosophie.

Kodawari steht für das, was oft unsichtbar bleibt: die Haltung hinter dem Handeln. Es ist die unnachgiebige Suche nach dem Essenziellen, die keine Kompromisse kennt. Nicht aus Zwang oder Perfektionismus, sondern aus tiefem Respekt vor dem, was man tut.

In Japan sieht man Kodawari im Sushimeister, der nach dreißig Jahren noch immer jeden Tag den Reis verbessert. Im Handwerker, der ein Leben lang dasselbe Messer schmiedet, nicht weil er nichts anderes kann, sondern weil er weiß, dass wahre Meisterschaft keine Grenzen kennt. Man sieht es im Gärtner, der eine Pflanze nicht einfach schneidet, sondern ihre natürliche Form freilegt.

Kodawari ist für mich der Gegenentwurf zu einer Wirtschaft, die nur noch Schnelligkeit kennt, aber keine Tiefe mehr. Die Quartalszahlen optimiert, aber den Menschen vergisst. Die immer mehr produziert, aber immer weniger bedeutet.

Dieser Titel steht für meine Überzeugung, dass nachhaltiger Erfolg nicht aus der Optimierung des Bestehenden kommt, sondern aus der kompromisslosen Verbindung mit dem Wesentlichen. Er repräsentiert jenen Punkt, an dem deutsche Ingenieurskunst und japanische Philosophie nicht länger im Widerspruch stehen, sondern sich gegenseitig verstärken.

Ich habe diesen Titel gewählt, weil er genau das zusammenfasst, worum es in diesem Buch geht: nicht um den schnellen Erfolg, sondern um nachhaltige Substanz. Nicht um den einen Weg, sondern um die richtige Haltung auf jedem.

Kodawari ist kein Ziel. Es ist ein Versprechen: An sich selbst und an die Arbeit, die man tut.

Es ist genau dieser innere Kompass, der mich gelehrt hat, Widersprüche nicht zu meiden, sondern sie auszuhalten. Nicht alles muss sich glatt ineinanderfügen. Manches darf nebeneinanderstehen, schräg, unbequem, aber ehrlich.

Denn wer zwischen Kulturen lebt, lernt früh: Es gibt mehr als eine Art, die Welt zu sehen. Und manchmal liegt die Wahrheit nicht auf einer Seite, sondern in der Reibung dazwischen.

Genau in dieser Reibung liegt meine Normalität. In der Koexistenz der Gegensätze: zwischen Manga und Micky Maus, Christentum und Buddhismus, Sushi und Rostbratwurst.

Wird im Berufsleben nicht oft genau das Gegenteil erwartet? Eindeutigkeit. Klarheit. Eine richtige Antwort. Einen richtigen Weg.

In Berlin misst man Erfolg an Quartalszahlen. In Tokio an Generationen. In Berlin stellt man Prozesse in den Mittelpunkt. In Tokio Menschen. In Berlin fragt man: Wie schnell können wir wachsen? In Tokio: Wie lange können wir bestehen?

Keiner dieser Ansätze ist falsch. Keiner ist richtig. Sie sind einfach unterschiedlich.

Dieses Buch handelt nicht davon, ein Wirtschaftsmodell gegen ein anderes auszutauschen. Es handelt davon, mit beiden Augen zu sehen.

Das deutsche und das japanische Wirtschaften nicht als Gegensätze zu begreifen, sondern als Ergänzungen. Die Herausforderungen des globalen Marktes sind zu komplex für monokulturelle Lösungen. Manche Probleme brauchen deutsche Direktheit, andere japanische Subtilität. Die meisten brauchen beides.

Einleitung 3

Toyota hat nicht trotz, sondern wegen *kaizen*, dem legendären Prinzip der kontinuierlichen Verbesserung überlebt. Deutsche Mittelständler dominieren nicht trotz, sondern wegen ihrer Langfristorientierung.

Das Geheimnis liegt nicht darin, sich zwischen verschiedenen Ansätzen zu entscheiden. Es liegt in ihrer intelligenten Kombination.

Ich lade Sie ein, mit mir auf eine Reise zwischen diesen wirtschaftlichen Welten zu kommen. Eine Reise, die mir erlaubt hat, Verborgenes zu entdecken und Grenzen zu überwinden. Eine Reise, die mit der einfachen Bereitschaft beginnt, durch mehr als eine Brille zu schauen.

Deutschland und Japan: Ich und Wir

Einleitung

Manche Gesellschaften verstehen wir nie. Obwohl wir glauben, sie längst zu kennen. Japan ist eine davon. Als deutsch-japanisches Kind habe ich früh gelernt, zwischen Welten zu navigieren. Die aufbrausende, direkte Art meiner deutschen Mutter stand im Kontrast zur zurückhaltenden Art meines japanischen Vaters. Diese Erfahrung lehrte mich: Es gibt Begriffe, die wir zu übersetzen meinen, obwohl wir sie nicht übersetzen können. „*wa*" (和), die japanische Harmonie, ist so ein Begriff. Er ist mehr als ein Wort, mehr als ein Konzept, mehr als eine Idee. „*wa*" ist das Grundgesetz des japanischen Zusammenlebens; es ist das Betriebssystem einer ganzen Nation.

Der Schlüssel zum Verständnis liegt in der japanischen Geschichte. Schon im 7. Jahrhundert verankerte Prinz Shōtoku das Prinzip des „*wa*" in der ersten japanischen Verfassung. Die buddhistischen und konfuzianischen Einflüsse, die hierarchische Struktur der Feudalzeit, die geografische Isolation und die ständige Bedrohung durch Naturkatastrophen, all diese Faktoren formten ein kollektives Bewusstsein, das bis heute nachwirkt. Man spürt dieses Prinzip überall: In der stillen Effizienz der öffentlichen Verkehrsmittel, in der peniblen Sauberkeit der Straßen, in der höflichen Zurückhaltung der Kommunikation. Es ist, als hätten 126 Mio. Menschen einen unausgesprochenen Vertrag unterschrieben, der das Miteinander regelt und jedem seinen Platz zuweist.

Das japanische Modell ist nicht kopierbar, es ist zu spezifisch, zu kontextgebunden. Aber es kann uns zeigen, dass andere Wege existieren, um das Miteinander zu gestalten. Eine Perspektive, die wir jetzt dringender brauchen als je zuvor. Vielleicht zeigt uns „*wa*" nicht die Antwort. Sondern, dass wir die falsche Frage gestellt haben.

In den folgenden Beiträgen erkunden wir diesen Raum zwischen individueller Freiheit und kollektiver Harmonie, zwischen dem Ich und dem Wir. Nicht um eine Seite zu wählen, sondern um in diesem Dialog neue Wege zu entdecken, die weder östlich noch westlich, sondern zutiefst menschlich sind.

M. Okada

Die stille Kunst des Alltäglichen

Sie falten Toilettenpapier zu perfekten Dreiecken. Jeden Tag. Nicht weil es jemand verlangt. Nicht für ein LinkedIn-Like. Sondern weil die Art, wie wir etwas tun, definiert, wer wir sind. So erleben wir es in dem Film „Perfect Days" von Wim Wenders. Hirayama, der Toilettenreiniger, praktiziert eine Philosophie, die viele Zuschauer berührt, ohne dass sie es benennen können: *kodawari*.

Kodawari

Kodawari ist jene japanische Geisteshaltung, für das wir im Westen kein echtes Wort haben. Es ist das stille Streben nach Exzellenz, nicht für Applaus oder Status, sondern um der Sache selbst willen. Weil es zählt, wie man etwas tut. Auch, oder gerade, wenn es niemand bemerkt. *Kodawari* bedeutet: Ich setze meinen eigenen Standard. Ich verhandle nicht mit der Mittelmäßigkeit. Nicht, weil ich muss, sondern weil ich kann.

Genau das macht Hirayama so faszinierend: Er erhebt eine scheinbar einfache Tätigkeit zu etwas Bedeutsamem. Ohne Pathos. Ohne Erklärung. Nur durch Haltung. Während wir uns durch endlose Benachrichtigungen scrollen, Leistung in Likes messen und jede Handlung zum Content machen, wirkt Hirayamas Präsenz wie ein stiller Protest. Ein Gegenentwurf zur Tyrannei der Effizienz.

Die digitale Revolution hat uns eine neue Religion beschert: Den Glauben an die Erlösung durch Geschwindigkeit. *Kodawari* ist das Gegengewicht, das wir brauchen. Eine Entscheidung für Achtsamkeit statt Autopilot. Für Würde statt Beschleunigung. Für Tiefe statt Tempo. Denn diese Haltung verwandelt das Gewöhnliche ins Außergewöhnliche. Nicht durch Technik. Sondern durch Bewusstsein. Wir senden Mails, statt sie zu gestalten. Wir spielen Begrüßungen, statt sie mit Präsenz zu leben. Wir überleben Meetings, statt sie zu verantworten.

Die wahre Disruption ist nicht immer laut und sichtbar. Manchmal ist sie so leise wie ein perfekt gefaltetes Dreieck aus Toilettenpapier, das niemand bemerkt. Außer Ihnen selbst.

Die zwei Hände der Wertschätzung

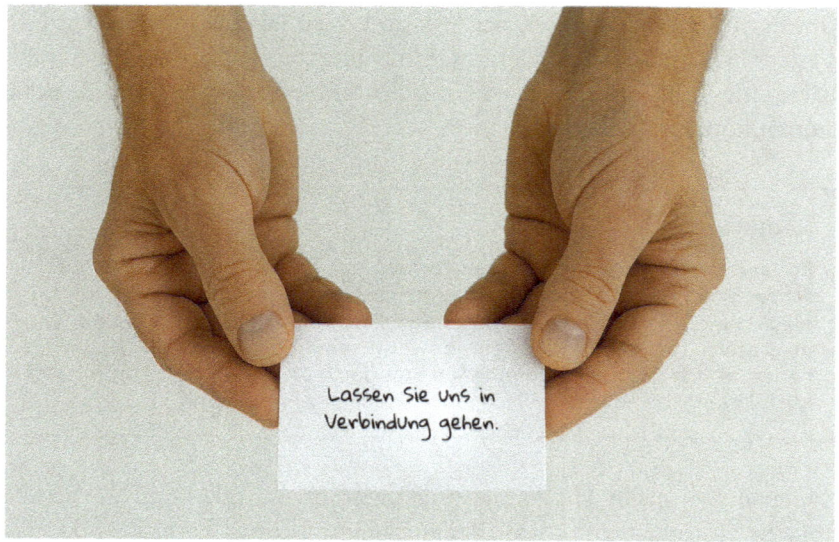

In Japan übergibt man Visitenkarten mit beiden Händen.

Nicht, weil eine Hand nicht ausreichen würde. Nicht nur aus Höflichkeit. Sondern aus einer Höflichkeit, die Haltung meint: vollkommene, ungeteilte Aufmerksamkeit.

Die Karte wird wie ein Geschenk dargeboten. Mit Bedacht. Mit Respekt.

Der Empfänger nimmt sie mit beiden Händen entgegen, studiert sie aufmerksam, liest den Namen, vergewissert sich der korrekten Aussprache. Ein Ritual, das zeigt: Dieser Moment zählt.

Darin liegt eine einfache Beobachtung: Beziehung beginnt nicht mit Worten, sondern mit Aufmerksamkeit. Jener raren Ressource, die wir im digitalen Zeitalter immer seltener verschenken.

Wir dagegen? Wir schieben Visitenkarten über den Tisch, während wir weiter auf unser Smartphone starren. Die Karte landet ungelesen in der Jackentasche, während wir gedanklich schon beim nächsten Meeting sind. Wir scannen einen QR-Code und tippen reflexhaft „Danke, ebenso", während der andere noch spricht.

Die Digitalisierung hat diese Oberflächlichkeit nicht erfunden, aber perfektioniert. Heute ersetzt ein Link das Gespräch, ein Kontakt-Button das Kennenlernen. Was früher ein flüchtiger Händedruck war, ist jetzt eine Bluetooth-Verbindung: Reibungslos, aber ohne jede Berührung.

Wir speichern Kontakte. Aber das Gedächtnis unserer Begegnungen? Bleibt leer.

Dabei könnte gerade die Digitalisierung uns zu mehr Bewusstsein einladen. Je weniger physische Präsenz, desto mehr innere Präsenz ist gefragt. Das Gegenteil ist eingetreten: Geschwindigkeit statt Achtsamkeit, Reichweite statt Relevanz, Vernetzung statt Verbindung.

Echten Respekt im beruflichen Miteinander zeigen wir heute nicht durch Förmlichkeit, sondern durch Haltung. Indem wir mit einer persönlichen Note reagieren, die erkennen lässt: Ich habe dich wahrgenommen. Indem wir vor dem weiteren Austausch einen Moment investieren, um die Welt des anderen zu verstehen, nicht nur die eigene zu senden. Und indem wir, ob im Konferenzraum oder vor dem Bildschirm, wirklich präsent und nicht nur anwesend sind. Ohne Nebenschauplätze, ohne Autopilot.

Die Karte selbst ist belanglos. Die Art, wie wir sie überreichen, ist es nicht.

Die japanische Tradition lehrt uns etwas Grundsätzliches: Eine Visitenkarte ist kein Stück Papier oder digitaler Code. Sie ist ein kurzer Moment der Konzentration oder der Gleichgültigkeit.

Und vielleicht ist genau das heute entscheidend: Die tiefste Form des Respekts ist ungeteilte Aufmerksamkeit. Nicht laut. Nicht spektakulär. Aber wirksam.

Digital wie analog.

Wer hat es verdient?

Verdienst? Niemand ist neidisch. Wir gönnen jedem seinen Verdienst. Aber wie viel Verdienst ist tatsächlich verdient? Diese einfache Frage wird immer drängender in einer Welt, in der die Mathematik nicht mehr aufgeht.

23,7 Mio. Dollar: So viel verdiente ein CEO der 100 größten US-Unternehmen 2023 im Schnitt. Das sind 11,4 % mehr als im Vorjahr

(Batish 2024). Trotz Krisen. Trotz Verlusten. Trotz sinkendem Vertrauen.

Da ist Furuta Oribe. Ein bereits wohlhabender japanischer Fürst im 16. Jahrhundert. Als Teemeister des Shogun, erhielt er Zugang zu Privilegien, die selbst seinen Reichtum überstiegen.

Seine Entscheidung? Ein einfaches Leben im Einklang mit den Prinzipien der Teezeremonie. Demut. Präsenz im Moment. Wertschätzung des Unvollkommenen. Ein privilegierter Fürst, der bewusst Einfachheit wählte. Oribes Philosophie definierte Verdienst jenseits materiellen Reichtums. Seine Bescheidenheit schuf Gleichheit. Respekt. Beides unabhängig vom sozialen Status. Ein radikaler Widerspruch zu seiner Position, ein radikaler Widerspruch zu der damaligen feudalen Gesellschaft am Hofe, aber ganz im Einklang mit seinen eigenen Werten.

Und dann ist da Boeing-CEO David Calhoun. Sein Unternehmen verzeichnete 2023 einen Verlust von 2,2 Mrd. Dollar (Börsennews 2025). Sein Vergütungspaket? Rund 32 Mio. Dollar (Isidore 2024). Natürlich beruht diese Vergütung auf den Kriterien seines Arbeitsvertrages. Alles ordnungsgemäß abgesegnet durch mehrere Gremien. Und dennoch. Was rechtfertigt diesen Bonus bei diesem Ergebnis? Was ist wichtiger als 4,3 Mrd. Dollar Verlust?

Oribe wusste, was unsere Vorstandsetagen vergessen zu haben scheinen: Es braucht mehr als einen einzelnen Menschen, um Großes zu schaffen. Die Teezeremonie entfaltet ihre vollständige Schönheit nur durch das Zusammenwirken vieler: die Bauern, die den Tee mit Sorgfalt anbauen, die Keramiker, die die Schalen mit Hingabe formen, die Handwerker, die die Utensilien fertigen, all diese unsichtbaren Hände machen erst möglich, was der Teemeister schließlich vollendet.

Wie ein Unternehmen. Es braucht mehr als nur einen CEO, um erfolgreich zu sein. Der wahre Wert entsteht im gemeinsamen Streben, in der kollektiven Anstrengung vieler. Unser System belohnt Einzelne, auch wenn das Kollektiv verliert.

Oribe würde das nicht verstehen. Die Werte der japanischen Teezeremonie und die moderne Unternehmensführung, sie könnten mehr gemeinsam haben, als wir denken. Die Frage bleibt: Sollten Vergütungspakete stärker an messbare Unternehmenserfolge gekoppelt werden? Oder haben wir die falschen Dinge gemessen? Die Antwort beginnt mit einer besseren Frage.

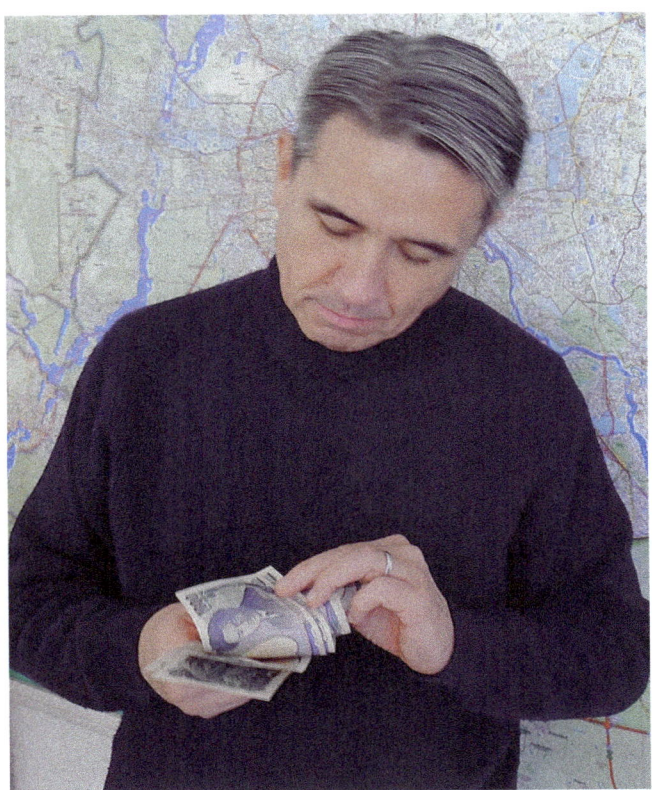

Die Authentizitätsfalle

Die Kultur feiert Authentizität wie einen Heiligen Gral. „Sei du selbst" schallt es von allen Seiten. Aber wollen wir wirklich in einer Welt leben, in der jeder einfach macht, wonach ihm gerade ist? Die Japaner sind uns hier einen Schritt voraus. Sie haben zwei Begriffe dafür:

> ### Honne und Tatemae
>
> **Honne** (本音)**: unsere wahren Gefühle und Meinungen
> **Tatemae** (建前)**: die professionelle Fassade, die wir zeigen, um Erwartungen zu erfüllen.

Authentizität klingt verlockend, ist aber oft nur die Ausrede, um Verantwortung abzuschütteln oder unbequeme Pflichten zu vermeiden. Der authentische Teamleiter, der seinen Frust ungefiltert an Mitarbeitern auslässt, schadet dem Unternehmen mehr als der professionelle, der seine Emotionen reguliert. Wollen Sie wirklich, dass Ihr Friseur seinen schlechten Tag an Ihren Haaren auslässt? Möchten Sie in einem Restaurant essen, wo der Koch seinen Streit mit der Partnerin in Ihre Suppe überträgt?

In diesen Kontexten ist Professionalität **tatemae** das, was wir eigentlich wollen und brauchen. Die wahre Kunst liegt nicht darin, jeder Laune nachzugeben und dies „Authentizität" zu nennen. Die wahre Kunst besteht darin, ein Versprechen zu geben und es zu halten. Immer wieder. Besonders dann, wenn wir keine Lust dazu haben. Kontinuierliche Verlässlichkeit ist das, was Kunden schätzen. Was Kollegen schätzen. Was die Welt am Laufen hält.

Authentizität wird überschätzt, wenn sie bedeutet, dass wir unsere Verpflichtungen ignorieren dürfen. Authentizität hat ihren Platz, in der Vision, in den Werten, in der langfristigen Ausrichtung, doch im täglichen Handeln zählt vor allem Verlässlichkeit. Wenn Sie wirklich etwas Besonderes sein wollen, dann seien Sie verlässlich. Jeden Tag. Das ist seltener, und wertvoller, als Sie denken.

© Samurai Museum Berlin, Foto: C. Tews [Urheberrecht beim Autor]

Generation „Unzufrieden"

Die Ruhestandssehnsucht als Statusmeldung. Während wir durch LinkedIn scrollen und die Tage bis zur Rente zählen, schuften andere draußen in der Hitze, auf Dächern, in Gräben, auf Baustellen. Ohne sie läuft nichts. Und wir? Wir träumen vom Entkommen. Als wäre Arbeit ein Gefängnis.

In Japan sieht das anders aus. Dort schaffen sie Anreize, bis 70 zu arbeiten (Asada 2024; Chau 2021). Das Überraschende? Viele finden das gut. Dort zählt das Miteinander mehr als das Gegeneinander. Übersehen wir etwas? In Japan ist Arbeit kein Strafvollzug, sondern Teilhabe. Ein Beitrag zur Gemeinschaft. Man gibt, statt nur zu nehmen. Das „Wir" wiegt mehr als das „Ich".

Und das hat Folgen: Japanische Senioren sind aktiver, gesünder, sozial eingebundener. Sie fühlen sich gebraucht. Eine Langzeitstudie, die Ohsaki-Studie, zeigte: Menschen mit einem stark ausgeprägten Gefühl von *ikigai* (Lebenssinn) hatten über einen Zeitraum von sieben Jahren eine signifikant höhere Überlebensrate. Rund 50 % der 65- bis 69-Jährigen in Japan arbeiten weiter. Nicht, weil sie müssen, sondern weil sie wollen (Sone et al. 2008).

Natürlich ist das japanische Modell nicht perfekt. Die Arbeitskultur kann hart, fordernd, manchmal sogar überfordernd sein. Aber sie stellt eine berechtigte Frage: Wenn wir nur noch von der Flucht träumen, was sagt das über unser Verhältnis zur Arbeit aus? Vielleicht sollten wir uns weniger fragen, wann wir endlich aufhören dürfen zu arbeiten und mehr, wofür wir überhaupt arbeiten. Denn am Ende ist nicht Zeit unsere knappste Ressource. Sondern: Sinn.

Ist das Homeoffice seine Illusion, die nur im Westen funktioniert?

Wir denken gerne, Remote-Arbeit sei die natürliche Evolution des modernen Arbeitens. Ein unvermeidlicher Pfad. Aber in Tokio werden gerade 1,20 Mio. Quadratmeter neue Bürofläche eingeweiht (Mori Building Co., Ltd. 2024). Mit Auslastungsraten, von denen westliche Städte nur träumen können. Was wissen die Japaner, das wir übersehen?

> Die japanische Kultur verankert „*wa*" (和) – Harmonie – im Zentrum jeder Geschäftsbeziehung. Nicht als nettes Extra, sondern als fundamentales Betriebssystem. Es ist kein Feature, es ist die Plattform selbst.

Wenn Zusammenarbeit auf nonverbaler Kommunikation und feiner Abstimmung beruht, wird Anwesenheit zur Grundlage von Vertrauen. Doch während wir Flexibilität als Freiheit feiern, sehen japanische Unternehmen etwas anderes: dass echte Verbindungen physische Präsenz erfordern. Dass bestimmte Energien nicht digital übertragen werden können.

> Die entscheidende Frage ist nicht, ob Home-Office „funktioniert". Natürlich funktioniert es irgendwie. Die Frage ist: Was geben wir auf, ohne es zu merken?

Das Büro ist kein Relikt der Vergangenheit, sondern Ausdruck eines Wertesystems. Wer physische Räume abschafft, trifft nicht nur eine Effizienzentscheidung, sondern eine kulturelle. Tokios Büro-Renaissance zeigt: Fortschritt heißt nicht zwingend Rückzug ins Digitale, sondern kann auch bedeuten, Präsenz neu zu definieren.

Zwei Seelen der Vier-Tage-Woche

Als ich kürzlich mit einem Freund in einem Café in Tokio saß, kam das Gespräch auf die deutsche Vier-Tage-Woche. Er fragte mich nach meiner Meinung. Ich begann zu philosophieren: Viele Deutsche wünschen sie sich. Noch mehr träumen davon. Mehr Zeit für sich selbst, Selbstverwirklichung, persönliches Glück. „Typisch deutsch", meinte ich schmunzelnd zu ihm. Er war begeistert.

Doch in Japan ist das Thema ernster. Dahinter steckt mehr: 2024 wurden in Japan nur rund 700.000 Kinder geboren. Ein historisches Tief, weniger als Frankfurt Einwohner hat (ntv 2025). Ich spürte die Sorge in den Gesprächen mit ihm.

Die Regierung versucht nun, die Vier-Tage-Woche als Antwort auf die demografische Krise zu etablieren (Benoza 2024). Ein radikaler Bruch mit der traditionellen Arbeitskultur. Die Tokioter Stadtverwaltung hat ein Pilotprogramm gestartet und bietet Unternehmen Anreize, die daran teilnehmen (The Mainichi 2024). Mehr Zeit für Zweisamkeit, Dating-Apps, Familienförderung. Ein Arsenal gegen das demografische Ausbluten.

Zwei Welten, zwei Wege.

In Deutschland dreht sich alles um das „Ich". Wir diskutieren über Work-Life-Balance, als wäre es eine Glaubensfrage. Die Vier-Tage-Woche wird zum persönlichen Erlösungsversprechen. In Japan geht es um das „Wir".

Als ich später dann noch mit meinem Bruder sprach, einem ehemaligen Beamten, sagte er einen Satz, der hängen blieb:

> „Wir müssen unsere Gesellschaft retten, bevor wir über individuelles Glück nachdenken können."

Was ich hier sehe, ist mehr als ein Arbeitszeitmodell. Es ist ein Spiegel zweier Gesellschaften. Liegt hier vielleicht auch eine Chance? Können wir nicht von beiden lernen? Den westlichen Drang nach Selbstverwirklichung mit der japanischen gesellschaftlichen Verantwortung verbinden?

Als ich zurück nach Deutschland flog, nahm ich eine Frage mit: Wie können wir ein Arbeitszeitmodell gestalten, das sowohl persönliche Erfüllung als auch gesellschaftliche Verantwortung ermöglicht? Die Antwort liegt vielleicht nicht in der Anzahl der Tage, sondern in unserem Bewusstsein für das größere Ganze.

Die *sankin kōtai*-Absurdität: Wie Japan Präsenz anders definiert

Die Debatte um Remote-Arbeit oder Büropräsenz wird oft als polarisierte Wahl dargestellt: Freiheit gegen Kontrolle, Effizienz gegen Tradition, Zukunft gegen Vergangenheit. Geschichte kann uns jedoch Nuancen zeigen, die wir sonst übersehen.

Im feudalen Japan existierte ein faszinierendes System namens *sankin kōtai*[1] (参勤交代). Eine erzwungene Pendelmigration, bei der Landesfürsten zwischen ihren Provinzen und der Hauptstadt wechseln mussten, während ihre Familien als Loyalitätspfand in Edo (heute Tokio) blieben. Ein System der Kontrolle durch physische Präsenz.

Bemerkenswert ist, dass dieses rigide Kontrollsystem in einer Gesellschaft funktionierte, in der tief im kulturellen Gefüge seit Jahrhunderten auch *wa* (和) verankert war: Das Prinzip der Harmonie, bereits im Jahr 604 durch Prinz Shōtoku in seiner 17-Artikel-Verfassung verankert, das die japanische Gesellschaft ebenso prägt wie politische Machtmechanismen (Religion in Japan o. D.).

> *Wa* bezeichnet nicht nur einfach ‚Harmonie', sondern ein komplexes soziales Konzept, das Gruppenkonsens über individuelle Bedürfnisse stellt und von jedem Einzelnen erwartet, zum Wohlbefinden der Gemeinschaft beizutragen. Dieses Prinzip durchdringt alle Lebensbereiche, von Familienstrukturen bis zur Unternehmenskultur.

Diese Dualität macht Japan zu einem faszinierenden Studienobjekt: Ein Land, das sowohl strenge Präsenzsysteme wie *sankin kōtai* als auch tiefe Harmonieprinzipien in seiner kulturellen Tradition trägt. Während Deutsche Telekom, SAP, OTTO, VW auf Bürorückkehr pochen und mit zunehmender Vehemenz das Ende des Home-Office einläuten, entsteht eine globale Verschiebung in der Arbeitskultur (Business Punk Redaktion 2023; Westkämper und Scheuer 2025).

Am anderen Ende des Spektrums steht Airbnb als radikaler Gegenpol. Das Unternehmen hat sich vollständig von physischen Arbeitsorten verabschiedet. CEO Brian Chesky verkündete 2022 das ‚Live and Work An-

---

[1] *Sankin kōtai* (参勤交代), „abwechselnde Anwesenheit" oder „wechselnde Aufwartung", war ein politisches Kontrollsystem, das vom Tokugawa-Shogunat während der Edo-Zeit (1603–1868) in Japan eingeführt wurde. Das 1635 von Tokugawa Iemitsu eingeführte System verpflichtete die Daimyo (Feudalherren) dazu, sich abwechselnd in ihren eigenen Domänen und am Hof des Shoguns in Edo (dem heutigen Tokio) aufzuhalten (The Editors of Encyclopaedia Britannica o. D.).

ywhere'-Prinzip, ein kompletter Gegenentwurf zur Büropflicht (Höber 2023).

Die deutschen Konzerne rufen nach Rückkehr, Airbnb schafft seine Büros komplett ab. Diese Extreme, totale Präsenzpflicht einerseits und vollständige Ortsunabhängigkeit andererseits, markieren die Pole der aktuellen Arbeitsdebatte. Doch die japanische Erfahrung zeigt eine nuanciertere Perspektive: Physische Präsenz kann sowohl Kontrollinstrument als auch Ausdruck kultureller Werte sein, je nachdem, in welchen Kontext sie eingebettet ist.

In der japanischen Gesellschaft, deren Fundament seit Jahrhunderten auf Harmonie und nonverbaler Abstimmung beruht, bedeutet gemeinsames Arbeiten weit mehr als bloße physische Anwesenheit. Es geht nicht um Stempelkarten, sondern um kollektives Erleben. Nicht um Kontrolle, sondern um Kontext.

Die japanische Geschichte zeigt, dass Präsenz nicht inhärent positiv oder negativ ist. Nicht die Anwesenheit selbst ist entscheidend, sondern der Sinn, den wir ihr geben. Was wir von dieser Dualität lernen können? Die Zukunft liegt nicht im einfachen Entweder-Oder, sondern im Verstehen, welchen Sinn gemeinsame Präsenz stiftet. Nicht: Müssen wir ins Büro zurück? Sondern: Welche Kultur wollen wir gemeinsam gestalten? Wo Werte geteilt werden, wird Präsenz selbstverständlich. In welcher Form auch immer.

VW vs. Nissan: Wer wirklich führt

Führung ist keine Gehaltserhöhung. Und auch kein Sparprogramm. Führung ist ein Signal. Bei Nissan hat der CEO Makoto Uchida dieses Signal gesetzt: Im November 2024 kündigt er an auf die Hälfte seines Gehalts zu verzichten (Leussink 2024). Nicht, weil es die Bilanz rettet. Sondern weil es zeigt, dass Veränderung oben beginnt.

In Wolfsburg? Dort kämpfen die Mitarbeitenden. Für ihre Rechte. Für mehr Lohn. Und von oben? Stille. Kann man Solidarität erwarten, wenn man sie selbst nicht zeigt? Kann man Wandel predigen, ohne ihn vorzuleben? Die Autoindustrie erlebt ihre größte technische Revolution. Aber vielleicht braucht sie eine noch größere: Eine Revolution der Führung.

Makoto Uchida bei Nissan sagt: „Ich bin dabei." Das ist Führung. Das ist ein Signal. Und es kostet 50 %. Und Volkswagen? Die Chance ist da. Die Chance, nicht nur Mobilität neu zu denken, sondern auch Führung. Arbeitskämpfe sind kein Problem. Sie sind ein Geschenk, die seltene Chance, neu zu definieren, was Führung bedeutet.

Was wirklich zählt? Nicht symbolische Gesten, sondern Authentizität. Authentizität schafft Glaubwürdigkeit. Und aus Glaubwürdigkeit wächst Vertrauen. Die Automobilhersteller, die überleben werden, verstehen: Die Batterie mag die Hardware sein. Aber Vertrauen ist die Software. Und Software gewinnt immer.

Privatisierung ist der Weg, oder?

Ich habe eine verrückte Idee für das ständig klamme Berlin! Lasst uns das tun, was Tokio am 23. Oktober 2024 getan hat, und unsere geliebte U-Bahn privatisieren! Aber Moment mal … kommt Ihnen diese Geschichte nicht seltsam bekannt vor? Erinnert sich noch jemand an diese glorreiche Idee? Wir verkaufen die städtischen Wohnungen und die Wasserwerke, und plötzlich sind alle Probleme gelöst! (Spoiler: Waren sie nicht.).

Sicherlich, der Börsengang von Tokyo Metro sieht auf dem Papier sehr sexy aus, 15-fach überzeichnet, ein Sprung von 47 % am ersten Tag. 2,12 Mrd. € eingenommen (Kölling 2024). Aber dennoch ist das keine Blaupause für Berlin. Es ist eine Erinnerung daran, dass nicht alles, was in einer Kultur funktioniert, in eine andere kopiert werden sollte. Das ist so, als würde man Sushi mit Currywurst vergleichen.

Warum? Schauen wir uns die Zahlen an: Tokyo Metro befördert mit der Präzision eines Schweizer Uhrwerks täglich rund 6,8 Mio. Menschen, 4,5-mal mehr Fahrgäste als in Berlin (Metro Ad Agency o. D.). Im Vergleich dazu Berlins U-Bahn? Hier sind wir stolz darauf, dass unsere 1,5 Mio. täglichen Fahrgäste es überhaupt nach Hause schaffen. Nicht mehr. Nicht weniger.

Aber das ist nur die Spitze des U-Bahn-Eisbergs! Wer tiefer gräbt, findet den wahren Grund, warum Tokios Modell hier zum Scheitern verurteilt wäre: In Japan finanzieren sich Infrastrukturprojekte zu einem erheblichen Teil aus den Immobilien über den Bahnhöfen. Jede Station ist ein Profit-Center mit Einkaufszentren und Bürotürmen. In Berlin? Da sind wir schon stolz, wenn der Imbiss am Bahnhof nicht von Ratten bevölkert wird. Wir haben keine hochprofitablen Einkaufszentren über jeder U-Bahn-Station, wir haben Spätkäufe, Street Art und gelegentlich einen stadtbekannten Obdachlosen.

Und dann erst der rechtliche Rahmen! In Deutschland sind wir stolze Besitzer eines wirren Geflechts aus Regionalisierungsgesetzen, ÖPNV-Finanzierungsverordnungen und einem Personenbeförderungsgesetz, das so sexy ist wie eine Fahrt mit der U8 um 3 Uhr morgens. Unsere Verkehrsbetriebe sind per Gesetz dazu verdonnert, auch die unprofitablen Strecken zu bedienen, genau die, die ein Investor als Erstes schließen würde. Tokyo Metro ist ein durchgeplantes Business-Ökosystem. In Berlin ist die U-Bahn ein Teil der rebellischen Seele der Stadt.

> **Zwei Städte, zwei Systeme**
> Wo Tokio Effizienz sieht, sieht Berlin Demokratie in Bewegung.
> Wo Tokio Pünktlichkeit in Sekunden misst, misst Berlin Erfolg in der Zugänglichkeit für alle.

Und hier liegt auch der entscheidende Unterschied: Die Berliner U-Bahn wurde nicht gebaut, um profitabel zu sein. Sie wurde gebaut, um Berlin zu sein, rau, demokratisch, und allen zugänglich. Ein Spiegelbild einer Stadt, die stolz darauf ist, arm, aber … lassen wir das. Genau deshalb würde ein Börsengang der Berliner U-Bahn nicht funktionieren. Weil man eine kulturelle Institution nicht monetarisieren kann, ohne ihr Wesen zu verlieren. Die Berliner U-Bahn transportiert nicht nur Menschen von A nach B, sie transportiert Ideen, Kultur und die Seele Berlins selbst.

Die „Schönheit" der Berliner U-Bahn liegt nicht in seiner Bilanz. Sie liegt in den Geschichten, die sich auf den Bahnsteigen entfalten, in den Straßenmusikern in den Tunneln und ja, auch in den Schattenseiten der Großstadt, in der einfachen Tatsache, dass es trotz allem unverwechselbar Berlin bleibt. Okay, Berlin, wir müssen uns also etwas anderes einfallen lassen, um Geld einzunehmen. Irgendjemand eine Idee?

Dieser Moment auf der Tanzfläche …

Dieser Moment auf der Tanzfläche, wenn die vertrauten Moves plötzlich nicht mehr funktionieren und man sich fragt, wie man sich dazu bewegen soll. So erging es mir, als ich in jungen Jahren erstmals Kraftwerk hörte. Monotone, synthetische, fast mechanische Klänge. Ich konnte es überhaupt nicht einordnen, aber ich ahnte: Hier passiert gerade etwas Anderes. Etwas, dessen Bedeutung sich mir erst viel später erschloss.

Heute spüre ich dieses Gefühl wieder. Während ich Japans Kooperation zwischen dem Chiphersteller Nvidia und dem japanischen Technologie-Investor SoftBank beobachte, fühle ich mich in diese Zeit zurückversetzt. Unterstützt von der japanischen Regierung, die 61 Mrd. € in die KI- und Chip-Industrie investiert, bauen sie das weltweit erste Mobilfunknetz, das auf künstlicher Intelligenz basiert (Knobloch 2024; NVIDIA 2024). Ein Netzwerk, das atmet und pulsiert: Maschinen, die wie ein intelligenter Schwarm kommunizieren, in Sekundenbruchteilen Entscheidungen treffen und die Grenzen zwischen Technologie und Bewusstsein verwischen.

Kraftwerk war nie nur Musik. Sie waren ein Statement, ein Impuls, der zeigte, dass Maschinen und Kreativität kein Widerspruch sein müssen. Sie gaben uns den „Mensch-Maschine"-Moment, eine Idee, die damals futuristisch klang und heute unser Alltag ist. Japan liefert uns nun den „KI-Maschine"-Moment: Ein System, das nicht nur agiert, sondern lernt.

Japan lädt uns ein, über den Tellerrand hinauszuschauen. Sind wir bereit, unsere Perspektive zu erweitern? Oder verharren wir im Altbewährten? Vielleicht ist das mein persönlicher „Kraftwerk-Moment 2.0": Die Erkenntnis, dass Visionen manchmal erst irritieren müssen, bevor sie inspirieren.

P.S.: Heute verstehe ich: Kraftwerk war ihrer Zeit voraus! Präzise statt monoton. Mein Tanzstil allerdings bleibt der lebende Beweis dafür, dass manche Systeme einfach nicht updatefähig sind.

Jenseits der Vereinzelung: Ein Radio verbindet Japan

Es gibt Phänomene, die hier im Westen erstaunen, weil wir sie nicht verstehen. Und es gibt Phänomene, die uns erschrecken, weil wir sie zu gut verstehen. Radio Taisō gehört zur zweiten Kategorie (Radio Taiso 2025).

Radio Taisō ist eine fast hundert Jahre alte Morgengymnastik der Japaner, die landesweit von Millionen Menschen praktiziert wird: Schulkinder und Senioren, Büroangestellte und Bauarbeiter beginnen ihren Tag mit denselben einfachen Bewegungen, synchronisiert durch die Radioansage, vereint im Rhythmus der Musik. Für nur drei Minuten (japanwelt 2021).

Ursprünglich 1928 als öffentliches Gesundheitsprogramm eingeführt, wurde Radio Taisō in den 1930er- und 1940er-Jahren zunehmend militarisiert und ideologisch aufgeladen. Ein Werkzeug zur nationalen Ertüchtigung im Zeichen des Krieges. Nach dem Zweiten Weltkrieg verboten die alliierten Besatzungsmächte das Programm zunächst, doch bereits 1951 fand Japan einen Weg, das Ritual zu entideologisieren, zu entmilitarisieren und es als zivilen, freiwilligen Morgenimpuls neu zu verankern (Bangkok Post 2021; This Japanese Life 2013).

Hier in Deutschland weckt das unweigerlich unbehagliche Assoziationen. Wir sind gebrannte Kinder, wenn es um kollektive Bewegungen geht. Wir haben die Gleichschaltung erlebt und lehnen seither reflexhaft alles ab, was nach Uniformität riecht. Unsere Geschichte hat uns gelehrt, wachsam zu sein gegenüber Uniformität und angeordnetem Gleichklang.

Aber diese historisch begründete Vorsicht hat einen Preis: Wir haben mit dem berechtigten Misstrauen gegenüber dem Kollektiv auch die Idee des freiwilligen Miteinanders verloren. Wir haben vergessen, dass es ein gutes Gemeinsames gibt, ein heilsames Miteinander, ein stärkendes „Wir".

Die algorithmische Gesellschaft

Wir leben im Zeitalter der Vereinzelung. Jeder bewegt sich in seiner eigenen digitalen Blase, umgeben von Algorithmen, die ihm zeigen, was er schon kennt, was er schon mag, was er ohnehin kaufen würde. Der Gemeinsinn zerfällt in Millionen Einzelinteressen, die marktgerecht bedient werden. Die klassischen Institutionen, die einst Menschen zusammenführten, Kirchen, Vereine, Parteien, sogar das Fernsehen verlieren an Bindekraft.

An ihre Stelle tritt die permanente, nervenaufreibende Selbstoptimierung. Fitnessstudios verkaufen nicht Gesundheit, sondern Identität. Wer morgens joggt, will nicht nur fit sein, sondern dazugehören, zur imaginären Gemeinschaft der Erfolgreichen, Disziplinierten, Zukunftsfähigen. Wir glauben, individuelle Entscheidungen zu treffen, und merken nicht, wie sehr wir dabei vorgegebenen Mustern folgen.

So gesehen ist der Unterschied zwischen dem japanischen *Salaryman*[2] der morgens Radio Taisō macht, und dem deutschen Manager, der täglich seinen Schrittzähler kontrolliert, vielleicht kleiner als gedacht. Beide folgen kollektiven Erwartungen. Nur dass der eine dies in einer offenen, gemeinschaftlichen Praxis tut, während der andere sich einbildet, einen höchstpersönlichen Lebensstil zu pflegen.

Die Krise des Gemeinsamen
Wir stehen vor einem Widerspruch: Wir feiern die Freiheit der Individualisierung, leiden im Stillen gleichzeitig am Verlust des Miteinanders. Aber wo kein echtes Wir mehr spürbar ist, beginnt die Suche nach Ersatz. Nach Zugehörigkeit, Halt, Bedeutung. Und so entstehen neue Formen kollektiver Identität: Identitätspolitik, Heimatdiskurse, nationale Narrative. Nicht aus Ideologie, sondern oft aus einem Mangel.

Man kann sie lesen als Symptome einer Krise des Gemeinsamen, als Versuch, ein neues Wir zu erschaffen, wo das alte brüchig geworden ist.

Radio Taisō konfrontiert uns mit genau dieser Frage: Haben wir in unserer Angst vor dem falschen Kollektiv auch die Fähigkeit zum echten Miteinander verloren? In unserem Bestreben, uns vom erzwungenen Kollektiv zu befreien, haben wir auch die wertvollen Formen des Miteinanders preisgegeben.

Diese Diagnose wirft eine grundsätzliche Frage auf: Ist ein Ausgleich zwischen individueller Autonomie und gemeinschaftlicher Verbundenheit überhaupt möglich? Oder sind wir verdammt, zwischen Vereinzelung und Konformität zu pendeln?

---

[2] Der Begriff „*Salaryman*" bezeichnet in Japan männliche Angestellte und Führungskräfte in großen Unternehmen, die an ihrem immer gleichen dunklen Anzug mit Krawatte zu erkennen sind (Japan Experience 2024).

Die verlorene Balance

Was Japan uns vorführt, ist eine kulturelle Leistung, die wir in Europa verlernt haben: die Balance zwischen Kollektiv und Individuum. Japaner machen Radio Taisō, aber niemand behauptet deshalb, dass sie unfrei wären oder keine Individualität besäßen.

Unser westliches Denken ist binär geworden: Entweder totale Individualisierung oder bedrohliches Kollektiv. Wir haben vergessen, dass es einen dritten Weg geben könnte: Gemeinschaft ohne Zwang, Verbundenheit ohne Gleichschaltung, Gemeinsamkeit ohne Uniformität.

Radio Taisō führt uns diesen dritten Weg vor Augen. Es ist ein Modell für das, was unserer fragmentierten Gesellschaft fehlt: niedrigschwellige, alltägliche Praktiken des Gemeinsamen, die niemanden ausschließen, die nicht ideologisch aufgeladen sind, die einfach funktionieren.

Die Sehnsucht nach Zusammenhalt

Man darf sich nichts vormachen: Radio Taisō ist kein Wundermittel. Es macht aus Japan keine perfekte Gesellschaft. Auch dort gibt es Vereinsamung, soziale Kälte, Entfremdung. Aber diese kleine Morgenübung ist ein Gegenmittel, eine tägliche Erinnerung daran, dass man Teil eines größeren Ganzen ist. Diese Erinnerung fehlt bei uns.

Wenn in Deutschland von gesellschaftlichem Zusammenhalt die Rede ist, dann meist in Sonntagsreden. Oder in Kommissionen, die Konzepte erarbeiten. Oder in Förderprogrammen mit komplizierten Namen. Die Idee, dass Zusammenhalt aus einfachen, täglichen Praktiken entstehen könnte, ist uns fremd geworden.

Dabei sehnen wir uns nach genau diesem Zusammenhalt. Nach Gemeinsamkeit ohne Zwang. Nach einem „Wir", das niemanden ausschließt. Nach Ritualen, die verbinden, ohne zu vereinnahmen.

Natürlich gibt es auch bei uns noch gemeinschaftsstiftende Ritual, vom Vereinsleben, zum Tatort am Sonntag, bis zum Public Viewing bei Fußballspielen. Doch ihnen fehlt oft die Niedrigschwelligkeit und vor allem die Alltäglichkeit von Radio Taisō.

Ein deutsches Radio Taisō?

Nein, wir brauchen kein deutsches Radio Taisō. Die kulturellen Kontexte sind zu verschieden. Was wir brauchen, ist ein Nachdenken darüber, was gemeinsame Rituale in einer freiheitlichen Gesellschaft bewirken können. Wir brauchen eine neue Wertschätzung für das Gemeinsame, das nicht auf Kosten des Individuellen geht.

Die Digitalökonomie verspricht uns: totale Freiheit bei maximaler Verbindung. In Wahrheit leben viele in Blasen, verbunden mit allen und gleichzeitig mit niemandem. Wir bewegen uns in einem Meer von Ähnlichkeiten und nennen es Vielfalt.

Radio Taisō verdeutlicht, dass wahre Gemeinschaft konkret sein muss, körperlich, alltäglich. Dass sie nicht in großen Ideen besteht, sondern in kleinen, geteilten Praktiken. Dass Zusammenhalt nicht von oben verordnet werden kann, sondern auch von unten wachsen muss.

Die Zukunft des Wir

Jedes Mal, wenn ich die japanische Morgengymnastik sehe, bin ich zutiefst beeindruckt. Denn sie zeigt auf einfache Weise, was möglich ist: Das Verbindende muss nicht groß und pathetisch sein. Es kann klein und alltäglich sein. Es kann so schlicht sein wie drei Minuten gemeinsamer Bewegung am Morgen.

Es geht um eine neue Möglichkeit des Wir, jenseits von Ideologie und Vereinzelung. Um die Möglichkeit, in einer individualisierten Welt neue Formen des Gemeinsamen zu finden.

Radio Taisō bietet keine Blaupause, aber es wirft ein neues Licht auf unsere eigene Gemeinschaftsvergessenheit. Ein Hinweis darauf, was uns fehlt und was wir wieder entdecken könnten, wenn wir den Mut hätten, jenseits unserer historischen Traumata zu denken.

In diesem Sinne ist Radio Taisō mehr als eine exotische Kuriosität aus Fernost. Es ist eine Erinnerung daran, was wir verloren haben und was wir wiederentdecken könnten: die stille Kraft des Gemeinsamen.

Was die Arbeitskultur kleiner Kabinen über zwei Gesellschaften verrät

Deutschland und Japan: Ich und Wir

Als ich letztes Jahr in Tokio war, fielen mir diese kleinen Kabinen in den Bahnhöfen auf. Menschen gingen hinein oder kamen heraus, manche mit Laptoptaschen, manche telefonierend. Ich konnte mir keinen Reim darauf machen und fragte meinen Freund. Er erklärte mir, dass diese Kabinen kleine Rückzugsorte für mobiles Arbeiten seien.

> Die Japaner nennen sie „Station Work Booths". Kleine, schalldichte Arbeitsplätze, die man mieten kann. 147 Standorte gibt es bereits, 1000 sollen es bis 2025 werden. Mehr als 52.000 Menschen haben sich bereits registriert (Lee 2021; Travel Voice 2021).

Was mich an diesen Kabinen fasziniert, ist nicht ihre technische Ausführung. Es ist die gesellschaftliche Aussage, die sie transportieren: Die Grenze zwischen Arbeit und Nicht-Arbeit, zwischen Beruf und Privatleben, wird immer durchlässiger. Der Bahnhof ist nicht mehr nur ein Ort des Transits, sondern ein temporärer Arbeitsplatz.

Zuerst fragte ich mich, wie das am Hauptbahnhof in Berlin aussehen würde, wie lange es wohl dauern würde, bis die ersten Kabinen besetzt, beschmiert oder als öffentliche Toiletten zweckentfremdet würden und ob sie überhaupt angenommen werden.

Die deutsche Perspektive

Denn in Deutschland sehen wir gerade eine andere Entwicklung. Hier gibt es keine Station Work Booths an Bahnhöfen. Noch nicht. Bei uns wächst stattdessen die Zahl der Coworking Spaces: Seit 2018 hat sich die Zahl mehr als versechsfacht auf 1852 Standorte. Seit 2020 ist die Anzahl um rund 50 % gestiegen (Bundesverband Coworking Spaces e.V. 2024). Aber diese befinden sich in Bürogebäuden, nicht in Bahnhöfen. Es sind Orte, zu denen man hingeht, um zu arbeiten, nicht Orte, die man im Vorbeigehen nutzt.

Ist das ein Zeichen für eine gesündere Arbeitskultur? Für eine klarere Trennung von Arbeit und Freizeit? Vielleicht. Oder ist es nur ein Zeichen dafür, dass unser Land noch nicht so verzweifelt ist wie Japan, dass unsere demografische Krise noch nicht so weit fortgeschritten ist, dass wir noch nicht jeden Quadratzentimeter öffentlichen Raums der Produktivität opfern müssen?

Jenseits der Polarisierung

Die Unterschiede zwischen japanischer und deutscher Arbeitskultur lassen sich nicht auf simple kulturelle Eigenheiten reduzieren. „Die Japaner machen es so, wir anders"! Diese bequeme Position verschleiert den Kern der Frage: Wie gestalten wir Arbeit in einer Zeit, die geprägt ist von Digitalisierung, demografischem Wandel und der Neudefinition von Produktivität?

In Japan, einem Land, das wir reflexhaft mit Überarbeitung, mit *karōshi* (Tod durch Überarbeitung), mit unmenschlichem Druck assoziieren, schaffen sie pragmatische Arbeitsräume an Orten der Bewegung. Ist das Ausbeutung oder Freiheit? Zwang oder Möglichkeit? Die „Station Work Booths" könnten als Symptom einer problematischen Arbeitskultur gedeutet werden, die keine Grenzen kennt.

Die Station Work Booths in Japan sind mehr als eine kuriose Randnotiz der Arbeitsarchitektur. Sie sind ein greifbares Indiz, dass Arbeit überall dort stattfinden kann, wo die technischen Bedingungen es erlauben. Sie negieren die deutsche Vorstellung vom geschützten Arbeitsraum und proklamieren stattdessen die Allgegenwart produktiven Tuns.

In Deutschland hingegen haben wir, nicht zuletzt dank starker Gewerkschaften, eine Tradition der Arbeitszeitbegrenzung entwickelt. Die Idee, dass Arbeit an bestimmten Orten und zu bestimmten Zeiten stattzufinden hat, ist tief in unserem kulturellen Gedächtnis verankert.

Jenseits der Kabinen

Die Station Work Booths versinnbildlichen letztlich die japanische Antwort auf eine universelle Frage: Wie organisieren wir Arbeit in einer Gesellschaft, die unter Druck steht? 52.000 registrierte Nutzer in Japan geben eine klare Antwort: durch maximale Effizienz auch in den Zwischenräumen des Alltags.

Deutschlands Zögern ist kein Defizit. Es ist eine bewusste Entscheidung für einen anderen Begriff von Arbeit. Sie besagt: Nicht jeder Moment muss produktiv sein. Nicht jede Minute muss kapitalisiert werden. Der Bahnhof darf ein Ort des Übergangs bleiben, ein Schwellenraum, keine Arbeitsstätte. In dieser Differenz liegt keine Wertung. Sie offenbart lediglich die unterschiedlichen Wege, die zwei hoch entwickelte Industrienationen angesichts ähnlicher Herausforderungen einschlagen.

Die gläsernen Arbeitskabinen in Tokios Bahnhöfen sind daher mehr als ein praktisches Konzept. Sie sind Ausdruck tief liegender gesellschaftlicher Prioritäten und Werte. Ebenso wie deren Abwesenheit in Berlin.

Es geht nicht um neue Orte für Arbeit. Es geht um Orte und Momente, die keiner Verwertung dienen. Räume, in denen nichts erwartet wird. Zeiten, die keinem Zweck gehorchen. Als ich meine U-Bahnfahrt beendet hatte, war mir klar: Wer diese Zwischenräume aufgibt, gibt mehr auf als nur ein paar Minuten des Wartens. Er gibt ein Stück seiner Freiheit preis.

Scheideweg

- Respekt. Wie gehen wir mit Menschen um, die anderer Meinung sind?
- Ehre. Zollen wir Menschen Wertschätzung, unabhängig von ihrem sozialen Status?
- Loyalität. Sind wir treu, auch wenn wir betrogen werden?

- Wahrheit. Sind wir in der Lage, unsere Meinung aufzugeben, wenn diese falsch ist?
- Mut. Haben wir die Bereitschaft, Dinge anzusprechen, auch wenn sie uns zum Nachteil gereichen?
- Etikette. Sind wir bereit, jemandem die Tür aufzuhalten, in dem Wissen, dass sich diese Person nie erkenntlich zeigen wird?
- Rechtlichkeit. Hört die Einhaltung der Gesetze bei unserer eigenen Steuererklärung auf?

Bushidō. Die 7 Tugenden der Samurai: Respekt, Ehre, Loyalität, Wahrheit, Mut, Etikette, Rechtlichkeit.
Zeitlose Werte, notwendiger denn je.

Conclusion

Die vorangegangenen Gedankenimpulse widmeten sich den Kontrasten zwischen japanischer Harmonie und westlichem Individualismus. Sie verdeutlichen, dass verschiedene Kulturen unterschiedliche, aber gleichwertige Lösungen für ähnliche Probleme entwickelten, von Arbeitsethik bis hin zu öffentlichen Systemen. Keine Kultur hat alle Antworten. Und genau deshalb ist die Offenheit für andere Denkweisen so wichtig für die Weiterentwicklung der Menschheit.

Während wir die Balance zwischen Kollektiv und Individuum verstehen lernten, eröffnet das nächste Kapitel einen Blick auf die Kraft des Vertrauens als Grundlage jeder funktionierenden Gesellschaft.

Literatur

Asada, Y. (2024). *Overview oft he Japanese Mandatory Retirement Age System*. Chambers and Partners. https://chambers.com/articles/overview-of-the-japanese-mandatory-retirement-age-system. Zugegriffen: 6. April 2025

Bangkok Post (2021, 2. Juli). *One, two, three! The Japanese stretch routine performed by millions*. https://www.bangkokpost.com/life/social-and-lifestyle/2142319/one-two-three-the-japanese-stretch-routine-performed-by-millions. Zugegriffen: 29. April 2025

Batish, A. (2024). *Equilar 100: The 100 Highest-Paid CEOs in 2023*. Equilar. https://www.equilar.com/reports/109-highest-paid-ceos-2024-equilar-100.html. Zugegriffen: 6. April 2025

Benoza, K. (2024, 4. Dezember). *Tokyo government to introduce four-day workweek to empower women*. The Japan Times. https://www.japantimes.co.jp/news/2024/12/04/japan/society/tokyo-four-day-work-week/. Zugegriffen: 6. April 2025

Börsennews (2025, 15. Januar). *Boeing taumelt in Richtung Quartalszahlen*. https://www.boersennews.de/nachrichten/artikel/boersennews/im-schatten-von-airbus-boeing-taumelt-in-richtung-quartalszahlen/4666438/. Zugegriffen: 7. April 2025

Bundesverband Coworking Spaces e.V. (2024). *Zahl der Coworking Spaces erreicht neuen Rekordwert – Aktuelle Statistik 2024*. https://www.bundesverband-coworking.de/2024/02/statistik-coworking-deutschland/. Zugegriffen: 2. Mai 2025

Business Punk Redaktion (2023, 21. Oktober). *Trotz wachsender Zufriedenheit durch Homeoffice – Telekom-Chef drängt Mitarbeitende ins Buero zurück*. Business Punk. https://www.business-punk.com/2023/10/trotz-wachsender-zufriedenheit-durch-homeoffice-telekom-chef-draengt-mitarbeitende-ins-buero-zurueck/. Zugegriffen: 3. Mai 2025

Chau, C. (2021). *Japan approves law raising retirement age to 70*. hrmasia. https://hrmasia.com/japan-approves-law-raising-retirement-age-to-70/. Zugegriffen: 6. April 2025.

Höber, L.-M. (2023). *Die neue Remote Work Regelung von Airbnb – Was können sich andere Unternehmen davon abschauen?* Teamazing. https://www.teamazing.de/airbnb-remote-work-regelung/. Zugegriffen: 3. Mai 2025

Isidore, C. (2024, 5. April). *Boeing CEO Dave Calhoun was paid $32.8 Million in 2023*. CNN Business. https://edition.cnn.com/2024/04/05/business/boeing-ceo-pay/index.html. Zugegriffen: 6. April 2025

Japan Experience (2024, 10. März). *Der Salaryman, eine Säule der japanischen Gesellschaft.* https://www.japan-experience.com/de/preparer-voyage/savoir/comprendre-le-japon/le-salaryman

Japanwelt. (2021). Rajio taisō: Seit 92 Jahren beliebte Morgengymnastik in Japan. https://www.japanwelt.de/news/radio-taiso. Zugegriffen am 30.06.2025.

This Japanese Life (2013, 5. Mai). *On Doing Mass Radio Calisthenics in Japan.* https://thisjapaneselife.org/2013/05/15/radio-taiso-japan/. Zugegriffen: 30. April 2025

Knobloch (2024, 12. November). *Japan: Milliarden-Plan zur Unterstützung der heimischen Chipindustrie.* Heise online. https://www.heise.de/news/Japan-Milliarden-Plan-zur-Unterstuetzung-der-heimischen-Chipindustrie-10019971.html. Zugegriffen: 18. April 2025

Kölling, M. (2024, 23. Oktober). *Tokyo Metro schließt 45 Prozent über dem Ausgabenpreis.* Handelsblatt. https://www.handelsblatt.com/finanzen/maerkte/aktien/mit-freifahrten-zum-boersenhit-tokyo-metro-notiert-44-prozent-ueber-ipo-preis/100082123.html. Zugegriffen: 6. April 2025

Lee, C. (2021). *Japan installs teleworking booths in city metros.* Hrmasia. https://hrmasia.com/japan-installs-teleworking-booths-in-city-metros/. Zugegriffen: 2. Mai 2025

Leussink, D. (2024, 7. November). *Nissan to axe 9,000 jobs, cut production on weak China, US sales.* Reuters. https://www.reuters.com/business/autos-transportation/nissan-plans-9000-job-cuts-slashes-annual-profit-outlook-by-70-2024-11-07/. Zugegriffen: 6. April 2025

Metro Ad Agency (o. D.). *Tokyo Metro Characterisistics & Data.* https://www.metro-ad.co.jp/en/characteristic/. Zugegriffen: 6. April 2025

Mori Building Co., Ltd. (2024). *2024 Survey of Large-scale Office Buildings in Tokyo's 23 Core Cities Shows Office-supply Absorption Has Returned to Pre-pandemic Levels.* https://www.mori.co.jp/en/company/press/release/2024/05/20240523130000004708.html. Zugegriffen: 6. April 2025

ntv (2025, 27. Februar). *Noch nie wurden in Japan so wenige Babys geboren.* https://www.n-tv.de/panorama/Noch-nie-wurden-in-Japan-so-wenige-Babys-geboren-article25594449.html. Zugegriffen: 6. April 2025

NVIDIA (2024). *NVIDIA and SoftBank Corp. Accelerate Japan's Journey to Global AI Powerhouse.* https://nvidianews.nvidia.com/news/nvidia-and-softbank-accelerate-japans-journey-to-global-ai-powerhouse. Zugegriffen: 18. April 2025

Rajio taisō: Seit 92 Jahren beliebte Morgengymnastik in Japan. https://www.japanwelt.de/news/radio-taiso. Zugegriffen: 30. Juni 2025

Religion in Japan (o. D.). *Shōtoku Taishi: Staatsmann und buddhistischer Heiliger.* https://religion-in-japan.univie.ac.at/an/Geschichte/Fruehzeit/Shotoku_Taishi. Zugegriffen: 3. Mai 2025

Sone, T., Nakaya, N., Ohmori, K., Shimazu, T., Higashiguchi, M., Kakizaki, M., Kikuchi, N., Kuriyama, S., & Tsuji, I. (2008). Sense of worth living (ikigai) and mortality in Japan: Ohsaki Study. *Psychosomatic Medicine, 70*(6), 709-715. https://doi.org/10.1097/PSY.0b013e31817e7e64

The Editors of Encyclopaedia Britannica (o. D.). *sankin kōtai.* Britannica. https://www.britannica.com/topic/sankin-kotai. Zugegriffen: 3. Mai 2025

The Mainichi (2024, 4. Dezember). *Tokyo gov't employees to get 4-day workweek option from April 2025.* https://mainichi.jp/english/articles/20241204/p2a/00m/0na/004000c. Zugegriffen: 6. April 2025

Radio Taiso (2025). *Radio Taiso For All.* Radio Taiso Japanese morning exercise for health & wellness. Zugegriffen: 28. April 2025

Travel Voice (2021). *JR East, a railway company in Japan, extends a sharing office network nationwide, adding working spaces in hotels and a government building.* https://www.travelvoice.jp/english/jr-east-a-railway-company-in-japan-extends-a-sharing-office-network-nationwide-adding-working-spaces-in-hotels-and-a-government-building. Zugegriffen: 2. Mai 2025

Westkämper, A. & Scheuer, S. (2025, 30. April). *„Es gibt keinen Beweis, dass die Performance steigt".* Handelsblatt. https://www.handelsblatt.com/karriere/weniger-homeoffice-es-gibt-keinen-beweis-dass-die-performance-steigt-13/100112899.html. Zugegriffen: 3. Mai 2025

Voneinander lernen: Der Dialog zwischen Deutschland und Japan als Wettbewerbsvorteil

Einleitung

Was können westliche Unternehmen von japanischen Wirtschaftsphilosophien lernen? Dieses Kapitel beleuchtet Konzepte wie *sanpo yoshi*, die 400 Jahre alte Philosophie des „dreifachen Nutzens", und zeigt, wie traditionelle östliche Werte die moderne Geschäftswelt bereichern können. Von nachhaltigen Unternehmensstrategien über emotionale Kundenkommunikation bis hin zu unkonventionellen Führungspraktiken: Der Blick nach Japan offenbart Alternativen zu unserem kurzfristigen Gewinnstreben und lädt ein, wirtschaftlichen Erfolg neu zu definieren: Als Balance zwischen Profit, Mensch und Gesellschaft.

Die unmögliche Gleichung

Die meisten Geschäfte haben zwei Seiten: Verkäufer und Käufer.
In Excel geht diese Gleichung auf. In der Realität nie.
Wir lassen ein maßgebliches Drittel weg. Und wundern uns, wenn die Rechnung nicht stimmt.
Vor 400 Jahren entdeckten die *Omi*-Kaufleute, die bedeutendsten Wanderhändler Japans im 17. bis 19. Jahrhundert, das fehlende Drittel: Die Gesellschaft.
Sie nannten es *sanpo yoshi* (三方よし). Für drei Seiten gut.

> *Sanpo yoshi*
>
> *Sanpo yoshi* ist eine 400 Jahre alte japanische Philosophie, die „dreifach gut" bedeutet:
>
> - Gut für den Verkäufer.
> - Fair für den Käufer.
> - Wertvoll für die Gesellschaft.

Denn sie verstanden etwas, das wir vergessen haben. Dass nachhaltiger Erfolg niemals in Isolation existiert.
Ihr Wirtschaftsmodell war von einer anderen Mathematik geprägt: Was dem Verkäufer nutzt. Was dem Käufer dient. Was die Gemeinschaft stärkt.
Drei Dimensionen statt zwei. Eine vollständige Gleichung.
Der Algorithmus der Wanderhändler von damals sah anders aus: Die *Omi*-Kaufleute lebten in einer Welt ohne digitale Spuren. Ohne Bewertungsalgorithmen. Ohne virales Feedback. Ihr einziges Kapital: ihr Ruf.
Sie kehrten zurück. In jede Stadt. Jedes Jahr. Ihr Ruf war ihr Kapital. Und gleichzeitig ihr Geschäftsmodell.
Ihr Algorithmus war einfach: Investiere in die Gemeinschaft. Ernte Vertrauen. Komm wieder.

Die Kaufleute bauten Schulen in den Regionen, in denen sie handelten. Sie finanzierten Brücken und Straßen. Sie investierten in die Gemeinschaften, mit denen sie Geschäfte machten.

Nicht aus Altruismus, sondern aus kluger Berechnung: Eine gebildete, gesunde, wohlhabende Gemeinschaft wird ein besserer Handelspartner sein als eine verarmte, verelendete, verzweifelte.

Doch dann kam der Bruch. Nach dem Zweiten Weltkrieg importierte der Westen nicht *sanpo yoshi*, sondern exportierte seine eigene Ideologie. Die amerikanische Wirtschaftslogik überschwemmte die globalen Märkte. Shareholder Value. Quartalsberichte. Gewinnmaximierung.

> *Sanpo yoshi* ist kein historisches Relikt, kein Museumsstück. Es steht für Kontinuität, für Prinzipien, die überdauern. Es lebt und atmet in der modernen japanischen Geschäftswelt.

Die Geschichte könnte hier enden. Eine weitere Tradition, die der Moderne zum Opfer fällt. Aber sie tut es nicht.

Weil die aktualisierten Corporate-Governance-Richtlinien Japans von 2021 verankern ausdrücklich die „Stakeholder-Inklusivität" als Grundprinzip. Nicht als modisches Zugeständnis an den Zeitgeist, sondern als Fortschreibung einer jahrhundertealten Tradition (Watanabe 2021).

> **Gelebte Tradition heute**
>
> Takeda Pharmaceutical beispielsweise, gegründet 1781, mit 30,3 Mrd. Dollar Umsatz in 2023, verfolgt nicht einfach Gewinnmaximierung (Takeda o. D.). Ihr Kodex aus dem 18. Jahrhundert, „Takeda-ism", basiert direkt auf *sanpo yoshi* und prägt bis heute ihre Entscheidungen. Oder auch jüngere Unternehmen wie Kuradashi, gegründet 2014, mit einem Jahresumsatz von 20,2 Mio. Dollar in 2024, deren Mission es ist, gegen Lebensmittelverschwendung zu kämpfen, indem sie Verbrauchern vergünstigte Produkte anbieten und an Gemeinden spenden. Ein dreifacher Nutzen in moderner Form. (Pitchbook o. D.).

Wir im Westen philosophieren über Umwelt, soziale Verantwortung und Unternehmensethik (Original: Environmental, Social, Governance or ESG) als hätten wir das Rad neu erfunden.

Japanische Unternehmen praktizieren seit Generationen, was wir gerade erst zu entdecken beginnen.

Diese Kontinuität ist kein Zufall. Sie ist das Produkt einer Kultur, die nie aufgehört hat, in vollständigen Gleichungen zu denken. Das ist keine nette Theorie. Es ist gelebte Praxis.

Ein zweiseitiges Geschäft zwischen Verkäufer und Käufer lässt eine entscheidende Dimension aus. Die Gesellschaft.

Wir können die Gesellschaft nicht aus der Rechnung herausnehmen. Sie ist immer da. Die Frage ist nur, ob sie für oder gegen uns arbeitet.

Die meisten westlichen Business-Theorien werden nach einem Jahrzehnt vergessen. Diese japanische Idee hat die letzten vier Jahrhunderte überdauert. Vielleicht sollten wir doch noch einmal genauer hinschauen.

Die Langzeit-Kalkulation ist simpel: In einer endlichen Welt ist ein Geschäftsmodell, das nur zwei Stakeholder optimiert, ein Verlustgeschäft. Die Quittung kommt später. Immer.

Diese Lücke in unserem wirtschaftlichen Algorithmus hat einen Namen: Das vergessene Drittel.

Was geschieht, wenn wir die Gleichung vervollständigen? Wenn wir alle drei Akteure einbeziehen?

Es bedeutet, die fundamentale Fehlannahme zu korrigieren: Das zweiteilige Modell behauptet: Die Summe der Einzelinteressen von Käufer und Verkäufer ergibt Gemeinwohl. Es irrt.

Was wir in die Gesellschaft geben, kommt zurück. Mit Zinsen. Oder eben nicht.

Was haben Sony und die US-amerikanischen Präsidentschaftswahlen gemeinsam?

Was haben Sony und die US-amerikanischen Präsidentschaftswahlen gemeinsam? Sehr viel. Beide offenbaren eine fundamentale Erkenntnis: Führungskräfte, die sich für unersetzlich halten, vernachlässigen oft genau das, was ihre wahre Größe ausmachen könnte: Die strategische Entwicklung ihrer Nachfolger.

> **Beispiel**
>
> Nehmen wir Akio Morita, den legendären Mitbegründer und langjährigen CEO von Sony, der das japanische Unternehmen von einem kleinen Elektronikhersteller zu einem globalen Marktführer formte. Als er 1994 aufgrund gesundheitlicher Probleme plötzlich zurücktrat, wurde Sonys mangelnde Vorbereitung auf eine nahtlose Nachfolge schonungslos sichtbar (Britannica Money o. D.). Morita hatte es versäumt, einen strategischen Nachfolger aufzubauen, was die Unternehmensführung in eine Krise stürzte. Es folgte eine Kette strategischer Fehlentscheidungen, die die Wettbewerbsfähigkeit des Unternehmens folgenschwer beeinträchtigte.

Ein ähnliches Bild zeigt sich außerhalb der Unternehmenswelt: In der Politik. Auch hier wird deutlich, welche Folgen ein fehlender Nachfolgeplan haben kann. Präsident Joe Biden wird nicht nur für die Politik in seiner Amtszeit, sondern auch für seine Rolle in der langfristigen Stabilität des Landes bewertet werden. Bidens zögernde Haltung, die Vize-Präsidentin Kamala Harris als Nachfolgerin früh zu positionieren, führte 2024 zu erheblicher Unsicherheit innerhalb der Partei. Diese Unsicherheit spiegelte sich in Zweifeln an ihrer Eignung und Erfahrung wider, was letztlich die Wahlchancen der Demokraten beeinflusste.

Diese Parallelen zwischen Wirtschaft und Politik unterstreichen: Nachfolgeplanung ist keine bloße strategische Option, sondern eine unverzichtbare Notwendigkeit für langfristige Stabilität. Besteht wahre Führung nicht genau darin, ein bleibendes Vermächtnis zu schaffen und somit eine reibungslose Nachfolge zu gewährleisten?

Äpfel und Nüsse

„Wir müssen die Produktivität steigern. Wir müssen unsere Arbeitskosten senken." Das ist derzeit der Tenor in den Chefetagen von Volkswagen. Aber was, wenn diese Denkweise längst aus der Zeit gefallen ist?

Ein Blick nach Japan, und wieder zurück nach Wolfsburg, eröffnet eine ungewohnte Perspektive: Japan rangierte 2022 bei der Arbeitsproduktivität auf Platz 30 unter den 38 OECD-Staaten. Letzter Platz unter den G7 (The Yomiuri Shimbun 2023). Ein Land, das für seine Arbeitsdisziplin bekannt ist, schneidet also überraschend schlecht ab. Wie passt das zusammen? Vergleichen wir hier Äpfel mit Nüssen? Zwei grundverschiedene Dinge mit eigenen Qualitäten? Genau wie die Arbeitsmodelle in Deutschland und Japan?

Einerseits liegt ein Teil der Antwort im kulturellen Erbe Japans. Jahrzehntelang galt das Prinzip der *shūshin koyō*: Der lebenslangen Beschäftigung. Ein Versprechen von Sicherheit. Von Zugehörigkeit. Nicht jeder war effizient. Nicht jeder war jung. Aber fast jeder hatte seinen Platz. Heute ist dieses Modell größtenteils Geschichte. Und doch wirkt es nach. In der Haltung. Im Menschenbild. In dem, was Arbeit bedeuten kann. Diese Tradition gibt den Menschen Würde und Sicherheit. Aber zu welchem Preis? Sicherheit kann auch Innovation ersticken.

Und auch das andere Extrem, Hire-and-Fire, maximale Flexibilität, minimale Bindung, zeigt Risse. Ohne Sicherheit gibt es keine Loyalität. Ohne Vertrauen keine Innovation. Die alten Modelle tragen nicht mehr. Weder das eine noch das andere.

Was wir brauchen, ist ein neues Denken. Eines, das nicht fragt: „Wie holen wir mehr raus?", sondern: „Wie bringen wir mehr hinein?" Mehr Sinn. Mehr Verantwortung. Mehr Verbindung.

Stellen wir uns VW nicht als Automobilhersteller vor. Sondern als Impulsgeber. Als Ort, an dem Menschen sich sicher genug fühlen, um mutig zu sein. Als Unternehmen, das nicht zwischen Effizienz oder Menschlichkeit wählt, sondern beides in Balance bringt.

Die Gewinner von morgen sind nicht die, die den letzten Tropfen Produktivität aus ihren Teams pressen. Es sind die, die Raum geben. Vertrauen schaffen. Und den Menschen in den Mittelpunkt stellen, nicht als Kostenfaktor, sondern als Quelle der Innovation. Das ist keine Utopie. Das ist ein Wettbewerbsvorteil.

> VW, hier ist eure Chance: Baut nicht nur Autos. Baut eine Kultur, in der Menschen sagen: „Da will ich hin. Da gehöre ich dazu."

Emotionalität und Präsentation

„People will forget what you said, people will forget what you did, but people will never forget how you made them feel." Dieses Zitat von Maya Angelou erfasst die Essenz wirkungsvoller Kommunikation (Deutsch o. D.). Doch wie lässt sich dieser Gedanke auf Kundengespräche und die japanische Teezeremonie übertragen?

Im Kern jeder überzeugenden Präsentation steht das menschliche Bedürfnis nach einer Geschichte, die uns bewegt und berührt. Die japanische Teezeremonie, ein jahrhundertealtes Ritual, basiert auf Achtsamkeit, Präzision und emotionaler Tiefe. Genau diese Elemente können wir in unsere Kundenpräsentationen übertragen. Wie? Drei Elemente der Teezeremonie lassen sich direkt auf eine gelungene Präsentation übertragen: Vertrauen, Spannung, Emotion.

Erstens: Vertrauen schaffen	Wie beim achtsamen Aufbau einer Teezeremonie beginnt jede wirkungsvolle Präsentation mit einem starken ersten Eindruck. Dieser Moment setzt den Ton für alles, was folgt und schafft die Grundlage für echtes Vertrauen.
Zweitens: Spannung erzeugen	Der Ablauf der Teezeremonie fesselt durch Struktur, Spannung und Intention. Auch Ihre Präsentation sollte Neugier wecken und lebendig bleiben. Bringen Sie Herausforderungen und Lösungen ins Spiel, verwoben in eine Geschichte, die den Kunden fesselt und seine Neugier weiter antreibt.
Drittens Emotionen wecken	Eine Präsentation bleibt dann unvergesslich, wenn sie nicht nur informiert, sondern berührt. Wie bei der Teezeremonie geht es um mehr als Inhalte, es geht um Wirkung. Ziel ist es, eine Erinnerung zu schaffen, die über den Moment hinaus bleibt und Ihre Kunden inspiriert, zu handeln.

Indem wir diese drei Schritte meistern, schaffen wir Präsentationen, die mehr sind als reine Informationsvermittlung: Sie werden zu einem Erlebnis, das wie die Teezeremonie einen bleibenden Eindruck hinterlässt. Welchen dieser drei Schritte können Sie bei Ihrer nächsten Präsentation besonders stärken? Experimentieren Sie damit und beobachten Sie, wie Ihre Zuhörer nicht nur Ihre Botschaft verstehen, sondern sie fühlen. Denn wie bei der Teezeremonie geht es nicht um den Tee selbst, sondern um das Erlebnis, das bleibt.

Eine simple Tasse Kaffee wischt Ausreden weg

Während wir in Deutschland noch darüber streiten, ob Inklusion zu teuer, zu kompliziert, zu utopisch sei, servieren in Tokio Roboter Kaffee. Gesteuert von Menschen mit Behinderungen. Von zu Hause aus. Und plötzlich erscheinen all unsere Debatten über Barrierefreiheit wie aus der Zeit gefallen.

> **Beispiel**
>
> Das DAWN Café in Tokio ist ein Ort, an dem Roboter-Avatare die Gäste bedienen, ferngesteuert von Menschen mit Behinderungen. Als ich dort war, wurden wir von einer OriHime-Pilotin[1] bedient. Oder besser gesagt: von ihrem Avatar. Sie selbst saß 300 km entfernt in ihrer Wohnung.
> Wir plauderten über Musik, das Wetter in ihrer Stadt, ihre Lieblingsgäste. Die Distanz zwischen uns war technisch da, menschlich aber nicht. Im Gegenteil: Selten habe ich mich so unmittelbar verbunden gefühlt.
> „Ohne den Avatar", sagte sie zum Abschied, „könnte ich nicht arbeiten. Nicht Teil von etwas sein. Nicht mit Menschen sprechen." Sie lächelte durch ihren Avatar. „Hier bin ich einfach ein Mensch, eine Servicekraft. Nicht die Frau mit Behinderung. Das bedeutet mir alles."
> Und dann sagte sie noch etwas, das mich besonders nachdenklich machte: „Wissen Sie, jeden Morgen, wenn ich mich einlogge, fühle ich mich wie alle anderen auch. Ich ziehe mich an, mache mich fertig für die Arbeit, nur dass mein Arbeitsweg durch ein Kabel führt. Für mich ist das ein Geschenk. Eine Chance auf Normalität, von der ich nie zu träumen gewagt hätte."

Wir sprechen von Diversity, von Teilhabe, von Chancengleichheit. Aber meist bleiben das Sonntagsreden. Lippenbekenntnisse einer Gesellschaft, die sich gerne progressiv gibt, aber vor echten Veränderungen zurückschreckt. In Tokio lernen wir: Inklusion braucht keine Ausreden. Sie braucht Fantasie. Mut. Und ja, Technologie. Nicht als Ersatz für menschliche Nähe, sondern als Brücke zu ihr.

Die wahren Barrieren liegen nicht in fehlenden Rampen oder Aufzügen. Sie liegen in unseren Köpfen. In unserer Unfähigkeit, Arbeit neu zu denken. Teilhabe neu zu denken. Menschsein neu zu denken. Das nächste Mal, wenn jemand sagt, Inklusion sei zu kompliziert, erzähle ich von diesem Café in Tokio. Von Robotern, die mehr über Menschlichkeit lehren als manche Inklusionsdebatte. Von einer Zukunft, die längst begonnen hat, nur nicht bei uns. Es wird Zeit, dass wir aufhören, Inklusion zu diskutieren. Und anfangen, sie zu leben.

---

[1] *„OriHime" ist ein von der japanischen Firma Ory Laboratory entwickelter Avatar-Roboter. Der Name verweist auf Orihime, die Weberprinzessin aus der japanischen Tanabata-Legende, die einmal im Jahr ihren Geliebten Hikoboshi über die Milchstraße hinweg treffen darf. Analog dazu wurde OriHime als Technologie entworfen, um Menschen über räumliche und körperliche Grenzen hinweg zu verbinden.*

Die Zukunft der Arbeit ist nicht im Home-Office. Sie ist im Everywhere-Office.

Als ich im letzten Beitrag über meinen Besuch im DAWN-Café schrieb, wo mich eine OriHime-Pilotin per Roboter-Avatar aus ihrer 300 km entfernten Wohnung bediente, hielten manche das für eine exotische Tokio-Anekdote. Eine Touristenattraktion. Ein Unikum.

> „Hier bin ich einfach ein Mensch, eine Servicekraft. Nicht die Frau mit Behinderung. Das bedeutet mir alles.", sagte sie damals zu mir. Ein Satz, der mehr über echte Inklusion verrät als tausend Diversity-Workshops. Keine Unterschiede betonen. Unterschiede irrelevant machen.

Die Expo 2025 in Osaka zeigt: Diese OriHime-Pilotin war keine Ausnahme. Sie war der Anfang. 7-Eleven, keine hippe Technologie-Startup-Boutique, sondern ein globaler Riese mit über 80.000 Filialen weltweit (7-Eleven Inc.) und das Rückgrat von Japans Alltagsversorgung, installiert jetzt Avatar-Roboter in ihren Expo-Filialen (Kyodo News 2025). Nicht als Gimmick. Nicht als Show. Sondern als Lösung für den Arbeitskräftemangel und als Weg zu mehr Inklusion. „newme" heißen diese Avatar-Roboter, die von Menschen dort ferngesteuert werden. Seltsamer Name für etwas, das eigentlich „new us" sein sollte.

In Japan entsteht eine neue Definition von Präsenz: Nicht der Mensch geht zur Arbeit, die Arbeit kommt zum Menschen. Die japanische Antwort darauf ist keine Sozialpolitik, sondern Pragmatik: Wenn Menschen nicht zur Arbeit kommen können, muss die Arbeit zu ihnen kommen. Wir diskutieren die Work-Life-Balance, in Japan schafft man die Work-Life-Distance ab.

Das Faszinierende: Keine fliegenden Autos. Keine Hologramme. Sondern die Rückeroberung von Normalität. Für alle.

Ich erinnere mich noch sehr genau an die Worte der OriHime-Pilotin: „Jeden Morgen, wenn ich mich einlogge, fühle ich mich wie alle anderen auch. Ich ziehe mich an, mache mich fertig für die Arbeit, nur dass mein Arbeitsweg durch ein Kabel führt." In dieser Normalität liegt etwas zutiefst Radikales. Es ist die Verweigerung, Behinderung als Defizit zu begreifen, stattdessen wird sie zu einer anderen Form des In-der-Welt-Seins.

Was die 7-Eleven-Filialen auf der Expo demonstrieren, ist keine technologische Spielerei. Sie stehen für ein eines anderen Gesellschaftsverständnis. Eines, in dem Inklusion nicht als moralische Pflicht begriffen wird, sondern als ökonomische Notwendigkeit und soziale Selbstverständlichkeit. Sie machen uns mehr als deutlich: Seht her, Inklusion ist keine Kostenfrage. Keine Technologiefrage. Sie ist eine Einstellungsfrage.

In Deutschland reden wir noch immer über Inklusion wie über ein Wohltätigkeitsprojekt. In Japan wird sie zum Geschäftsmodell. Nicht aus Nächstenliebe, sondern aus Notwendigkeit. Nicht als Goodwill-Geste, sondern als Zukunftsstrategie.

Nicht die Technologie begeistert mich. Sondern, dass sie normal wird. Wenn 7-Eleven, die Definition von Mainstream, Avatar-Roboter einsetzt, dann ist die Frage nicht mehr, ob so etwas möglich ist. Dann ist die Frage nur noch: Warum machen wir es nicht längst?

Stellen Sie sich vor: Die nächste OriHime-Pilotin sitzt vielleicht nicht in Tokio, sondern in Berlin, Amberg. Oder in Duisburg. Sie bedient Sie nicht im experimentellen Café, sondern in Ihrem Supermarkt um die Ecke. Die Frage ist nicht mehr, ob wir uns Inklusion leisten können. Die Frage ist, welche Form von Gesellschaft wir sein wollen. Eine, die Ausschluss als unvermeidlich akzeptiert? Oder eine, die die Bedingungen von Teilhabe neugestaltet?

Für mich ist die eigentliche Provokation: dass ausgerechnet die Convenience Stores, diese Orte des Alltäglichen und Banalen, zu Versuchsräumen für eine neue Normalität werden. Einer Normalität, in der eine OriHime-Pilotin einfach sie selbst ist. Und Arbeit dort stattfindet, wo Menschen sind. Die OriHime-Pilotin und die Expo 2025 zeigen uns nicht die ferne Zukunft. Sie zeigen uns, was heute schon geht. Dass die Zukunft der Arbeit nicht im Home-Office stattfinden wird. Sie wird überall sein.

Wenn der Chef im Anzug zur Toilettenbürste greift

Sie suchen ein Erfolgsgeheimnis aus Japan? Vergessen Sie *kaizen*. Vergessen Sie Lean Management. Denken Sie an Toilettenbürsten.

> **Beispiel**
>
> Hiroshi Mikitani, der Gründer und CEO des japanischen Digitalimperiums Rakuten reinigt regelmäßig am Montagmorgen nicht nur Schreibtische, sondern auch Toiletten (Tayag 2023).
> Nicht minder bodenständig ist das Ritual von Hidesaburō Kagiyama. Der Gründer von *Yellow Hat* beginnt jeden Arbeitstag damit, persönlich die Sanitäranlagen der Firmenzentrale zu reinigen, eine Gewohnheit, die er nach eigener Aussage nie ausgelassen hat (Fritz 2023).
> Selbst Japans Showbusiness kennt dieses Muster. Filmregisseur und TV-Ikone Takeshi Kitano reinigt regelmäßig die Toiletten seiner Stammkneipe (studiosus 2024).
> Drei völlig unterschiedliche Branchen, ein Leitmotiv: Je höher die Position, oder die Prominenz, desto sichtbarer der Dienst am Unangenehmen. Eine Haltung, die in Japans Arbeitskultur mehr bewirkt als jeder Motivationsworkshop.

Messbare Erfolge: Wie Putzen das Geschäftsergebnis verbessert

Die japanischen Manager berichten von erstaunlichen Effekten: Stärkerer Teamgeist, höhere Mitarbeitermotivation, bessere Unternehmensergebnisse. Bei Yellow Hat führte die Praxis zu konkreten Verbesserungen. Die Mitarbeiter entwickelten ein stärkeres Verantwortungsgefühl, das sich auf alle Geschäftsbereiche übertrug. Ressourcen wurden sorgsamer behandelt, Qualitätsstandards erhöhten sich, und die Kundenzufriedenheit stieg messbar an (Fritz 2023).

Vom Klassenzimmer zur Chefetage: Die kulturellen Wurzeln

Diese Mentalität ist tief in der Gesellschaft verankert. Ich erinnere mich noch genau, wie erstaunt ich war, als mir mein japanischer Neffe erzählte, dass sie vom ersten Schultag an in der Schule ihre Toiletten selbst putzen müssen. Für ihn war es völlig normal, doch seine Verwunderung über meine Überraschung zeigte mir, wie selbstverständlich dieser Gedanke für ihn war: Jeder trägt Verantwortung für den gemeinsamen Raum. Status spielt dabei keine Rolle.

Eine Prägung für das ganze Leben.

Status und Schmutz: Der deutsche Blick auf manuelle Arbeit
Als ich all das las, musste ich sofort an meine Zeit im Konzern denken: die sorgsam abgesteckten Zuständigkeiten, die Delegation unangenehmer Aufgaben, die feinen Statusunterschiede, die wir durch Bürogröße, Dienstwagen und Titel markieren.

Es wirkt fast ironisch: Während wir toxische Führungskulturen thematisieren, New Work und flache Hierarchien diskutieren, erscheint diese japanische Praxis beinahe verstörend konkret. Keine Selbstfindungsseminare, keine teuren Retreats, nur eine Person, eine Toilette, ein Schwamm. Stellen Sie sich das in deutschen Vorstandsetagen vor. Unvorstellbar? Genau das ist der Punkt.

Hierarchie in Auflösung: Was passiert, wenn der Chef kniet?
Wie würde es unsere Unternehmen verändern, wenn die hierarchischen Barrieren für einen Moment täglich aufgehoben würden, gemeinsam im Dienst an der Sauberkeit?

Ich behaupte: Es würde tiefgreifende Veränderungen bewirken. Nicht weil Toilettenputzen per se transformativ wäre, sondern weil es die unsichtbaren Barrieren durchbricht, die in unseren Organisationen existieren.

Von der Theorie zur Praxis: Verantwortung als gelebter Führungsstil
In unserer Gesellschaft ist die Würde der Arbeit in eine Schieflage geraten. Wir reden ständig von Augenhöhe, von flachen Hierarchien, von Teamgeist und Zusammenhalt. Warum fällt es uns so schwer, Hierarchie und Ansehen beiseitezulegen? Welche unsichtbaren Barrieren haben wir in unseren Köpfen errichtet? Ist das nicht bezeichnend für unsere westliche Unternehmenskultur?

Wir theoretisieren Pflichtgefühl, während andere es praktizieren. Wir schreiben Bücher über Servant Leadership, während in Japan der Chef buchstäblich auf Knien dient.

Ein Gedankenexperiment für deutsche Unternehmen
Ich frage mich: Wo kommen eigentlich unsere deutschen Führungskräfte ihren Mitarbeitenden so selbstlos nahe? In welchem Moment begegnen sie sich jenseits von Hierarchie und Status? Vielleicht bei der Weihnachtsfeier, nach dem dritten Glühwein. Oder im „Du-Workshop", der von der HR-Abteilung verordnet wurde?

Dieses Konzept stellt unsere gängige Vorstellung von beruflichem Aufstieg auf den Kopf. Wir denken: Je höher die Position, desto weiter weg von den unangenehmen Aufgaben. Die japanische Weisheit hingegen sagt: Je höher die Position, desto größer die Verpflichtung, auch für das scheinbar Niedrige.

Was würde es bedeuten, wenn wir in Deutschland ähnliches einführen würden? Nicht als skurrile kulturelle Aneignung, sondern als bewusste Entscheidung: Gemeinschaftliche Räume sind gemeinschaftliche Verantwortung. Der Vorstand macht den Anfang: einmal die Woche die Gemeinschaftsküche putzen, nicht als PR-Gag, sondern als stille, regelmäßige Praxis.

Der Mut zur Würde in der Niedrigkeit
Die Vorstellung mag absurd erscheinen, fast lächerlich. Aber genau diese Absurdität könnte der Punkt sein, an dem wir innehalten und uns fragen sollten: Warum eigentlich? Warum erscheint uns die Idee, dass hoch bezahlte Führungskräfte sich um Sanitäranlagen kümmern, so unerhört? Was sagt das über unser Verständnis von Würde, von Hierarchie, von Arbeit aus?

In dieser einfachen Praxis liegt ein vergessener Schlüssel. Ein Schlüssel zu besserem Miteinander. Nicht in Change-Management-Prozessen. Nicht in teuren Beratungsprojekten. Sondern in der schlichten Bereitschaft, sich die Hände schmutzig zu machen.

Pflichtbewusstsein nicht als abstrakte Idee, sondern als tägliche Praxis. Respekt nicht als Floskel, sondern als konkretes Tun.

Könnten wir Führung neu denken? Nicht als Erhöhung über andere, sondern als tiefes Eintauchen in deren Bedürfnisse? Nicht als Erhöhung, sondern als Verbindung? Der Griff zur Toilettenbürste könnte der erste Schritt sein.

Die übersehene Kriegerin

Sie haben noch nie von weiblichen Samurai gehört? Das ist kein Zufall. Die *onnabugeisha* kämpften, führten und starben wie ihre männlichen Gegenstücke. Und doch wurden sie aus der Geschichte getilgt (Sheetz-Nguyen o. D.). Nicht wegen mangelnder Fähigkeiten. Sondern wegen unserer Erzählung darüber, wie Stärke aussehen sollte. Klingt vertraut?

Unser Führungsproblem ist auch kein Frauenproblem. Es ist ein Wahrnehmungsproblem. Wir behaupten, die Besten zu suchen. Aber wir suchen oft nur nach Menschen, die unserer Vorstellung von Führung entsprechen. Menschen, die uns nicht überraschen. Menschen, die vertraut wirken. Als ob Überraschung gefährlich wäre.

Die *onnabugeisha* kämpften nicht wie Männer. Sie kämpften als Frauen. Mit eigenen Waffen, eigenen Taktiken, eigener Stärke. Sie versteckten ihre Weiblichkeit nicht. Sie nutzten sie. So wie Frauen heute ihre Führungsstärke nicht an männlichen Mustern messen sollten, sondern an ihrer eigenen Wirksamkeit. Stärke hat viele Gesichter. Warum erkennen wir nur eines davon?

Die Daten bestätigen, was die Historie längst gezeigt hat: Vielfalt in der Führung bringt bessere Ergebnisse. Nicht weil Frauen besser führen. Sondern weil unterschiedliche Perspektiven zu besseren Entscheidungen führen. Aber Daten ändern selten Überzeugungen. Die schwierigste Frage ist nicht, wie wir mehr Frauen in Führungspositionen bringen. Die schwierigste Frage ist: Sind wir bereit, unsere Definition von Führung zu erweitern? Ob wir mutig genug sind, die *onnabugeisha* in unseren Organisationen nicht nur zu dulden, sondern sichtbar zu machen, zu fördern, zu feiern. Ob wir klug genug sind, zu erkennen, dass das, was wir immer getan haben, uns nur dorthin bringt, wo wir immer waren.

Die *onnabugeisha* wurden vergessen, weil sie nicht ins Bild passten. Die weiblichen Führungskräfte von heute werden übersehen. Aus genau demselben Grund. Das Problem ist nicht, dass Frauen nicht führen können. Es liegt an unserem Blick, der sich weigert zu sehen.

> Die wahre Stärke einer Kultur zeigt sich nicht in dem, was sie bewahrt, sondern in dem, was sie zu verändern bereit ist.

Die Illusion der Einzelkämpfer

3 Uhr morgens in Tokio. Schlaflos. Jetlag. Im Dämmerzustand zwischen Traum und Wirklichkeit verschwimmen für mich die Grenzen: BMW, VW und Mercedes. Vereint wie Toyota, Honda und Nissan. Wohl nur eine Jetlag-Fantasie. Meine Übermüdung spielt mir definitiv einen Streich, aber nicht den, den ich dachte. Denn Toyota, Honda und Nis-

san, die Giganten der japanischen Automobilindustrie, haben sich entschieden, ihre Kräfte zu bündeln (The Japan News o. D.). Sie haben verstanden, was im Westen oft als Schwäche missverstanden wird: Die Zukunft ist größer als das Ego.

Die japanische Kultur birgt eine tiefe Weisheit im Umgang mit Zusammenarbeit. Sie versteht seit Jahrhunderten, was wir im Westen oft vergessen: Dass wahre Stärke nicht im Alleinsein liegt.

Die Geschichte der Samurai-Clans lehrt uns, dass selbst die erbittertsten Rivalen in der Zusammenarbeit Größeres erreichen konnten als im ewigen Wettstreit.

> **Beispiel**
>
> Ein Beispiel dafür ist die Satchō-Allianz von 1866, bei der die Fürstentümer Satsuma und Chōshū, lange Zeit rivalisierende sogar zutiefst verfeindete Clans, ein geheimes Bündnis gegen das Tokugawa-Shōgunat schlossen (Samurai Revolution 2015). Oder der der Hōgen-Aufstand von 1156, bei dem Angehörige der später unversöhnlichen Minamoto- und Taira-Familien zeitweise Seite an Seite kämpften (The Editors of Encyclopaedia Britannica o. D.).

Diese Einsicht ist kein romantisches Ideal. Kooperation funktioniert nicht reibungslos, aber sie eröffnet neue Räume. Fusionen scheitern, Konsens kann lähmen. Doch Innovation wächst oft gerade im Spannungsfeld.

Aber was wir übersehen, ist der subtile Wert dessen, was durch Zusammenarbeit entsteht: Raum. Nicht einfach nur mehr Ressourcen oder größere Marktmacht. Sondern Raum zum Atmen. Raum zum Denken. Raum, der es erlaubt, über den nächsten Quartalsbericht hinauszublicken und die tieferen Strömungen des Wandels zu erkennen.

Unsere deutschen Automobilhersteller, jeder ein Meisterwerk deutscher Ingenieurskunst und unternehmerischen Erfolgs, stehen wie Monolithen nebeneinander. BMW, Mercedes, Volkswagen. Stolze Namen, stolze Geschichten. Doch ist diese Isolation wirklich noch zeitgemäß in einer Welt, die sich fundamentaler und schneller verändert als je zuvor?

Die deutschen Premiumhersteller scheinen in ihrer eigenen Erfolgsgeschichte gefangen. Es ist verlockend, den eigenen Erfolg als Bestätigung zu sehen, dass der eingeschlagene Weg der richtige sein muss. Erfolgsgeschichten werden leicht zu Gefängnissen des Denkens. Sie verführen uns dazu, an Strategien festzuhalten, die gestern funktioniert haben. Auch wenn morgen alles anders sein wird.

Die Frage ist nicht, ob sie perfekt zusammenarbeiten können. Die Frage ist, wie lange sie sich die Einzelkämpfer-Mentalität noch leisten wollen, wenn der wahre Wettbewerb längst nicht mehr zwischen einzelnen Unternehmen, sondern zwischen ganzen Ökosystemen stattfindet.

> Der mutigste Akt in einer Welt der Einzelkämpfer ist manchmal nicht der Alleingang, sondern das Händereichen.

Die vergessene Weisheit der Samurai-Führung

© Samurai Museum Berlin, Foto: C. Tews [Urheberrecht beim Autor]

Als Ii Naomasa, ein bedeutender japanischer Samurai und General aus dem 16. Jahrhundert, seine rote Rüstung anlegte, bereitete er sich nicht nur auf eine Schlacht vor, er verkörperte eine Führungsphilosophie, die uns heute mehr denn je fehlt. Der berühmte Krieger unter Tokugawa Ieyasu wusste: Wahre Stärke liegt nicht in der Klinge, sondern in der Fähigkeit, Menschen zu inspirieren.

Während wir in unseren klimatisierten Büros über „transformationale Führung" und „Employee Engagement" theoretisieren, praktizierten die Samurai-Anführer bereits vor Jahrhunderten eine Führungskunst, die moderne Management-Gurus nur wiederentdecken.

Ein verlorenes Gleichgewicht

Wer steht zwischen Vision und Wirklichkeit? Das mittlere Management. Die unsichtbaren Übersetzer. Moderne Samurai, die große Ideen in greifbare Resultate verwandeln. Oder daran scheitern. Wir feiern CEOs als visionäre Strategen. Aber wer setzt die Strategie tatsächlich um? Wer macht den entscheidenden Unterschied zwischen brillanter Theorie und funktionierender Praxis? Die mittleren Führungsebenen.

Die *Daimyō*, die mächtigen Feudalherren des alten Japans, wussten etwas, das wir vergessen haben: Ein hervorragender Krieger macht nicht automatisch einen guten Kommandanten. Ein exzellenter Einzelkämpfer ist nicht unbedingt ein inspirierender Anführer. Der Wandel erfordert mehr als fachliche Exzellenz. Sie verlangt eine vollständig neue Art zu denken.

Die zwei zeitlosen Prinzipien

Was bleibt, wenn wir alle Management-Trends abziehen? Zwei einfache Wahrheiten: Menschen möchten für etwas von Bedeutung arbeiten. Menschen möchten für Vorgesetzte arbeiten, die ihnen als Person Wertschätzung entgegenbringen. Das ist alles. Keine komplizierte Führungstheorie. Keine revolutionäre Erkenntnis. Nur zwei schlichte Wahrheiten, die das Herzstück der Samurai-Führung bildeten, lange bevor wir sie in Business-Bestsellern wiederentdeckten.

Der verborgene Kodex

Wollen wir vielleicht Lehren aus der Geschichte ziehen? Oder lieber teure Studien finanzieren, die uns dasselbe sagen? Die Samurai-Kommandanten wussten bereits: Angst motiviert nicht. Bonuszahlungen erschaffen keine Loyalität. Was Menschen antreibt, ist etwas viel Tieferes: Die Gewissheit, ein wertgeschätzter Teil eines sinnvollen Ganzen zu sein. So einfach. So schwer umzusetzen.

Sie pflegten eine Kultur tiefer Anerkennung. Jeder Beitrag, egal wie klein, wurde gewürdigt. Jeder Krieger wusste mit absoluter Gewissheit:

Mein Einsatz wird gesehen. Meine Anstrengung macht einen Unterschied im größeren Ganzen.

Die moderne Herausforderung
Was ist die eigentliche Aufgabe einer Führungskraft? Strategiepläne entwerfen? Organisationsstrukturen optimieren? Falsch. Die wahre Herausforderung ist atemberaubend menschlich: Menschen, die für einen Gehaltsscheck arbeiten, in Verbündete einer gemeinsamen Mission zu verwandeln. Das ist keine HR-Aufgabe. Es ist keine Management-Technik. Es ist Ihre wichtigste Arbeit als Leader. Jeden. Einzelnen. Tag.

Sehen Sie das Paradox? Wir investieren unbegrenzte Ressourcen in Prozessoptimierung und technische Innovation. Und vernachlässigen systematisch die Menschen, die diese Prozesse tragen und diese Innovationen umsetzen sollen.

Der vergessene Weg
Manager warten auf Sicherheit. Führungspersönlichkeiten gehen voran. Nicht weil sie alle Antworten haben, sondern weil sie den Mut haben, die richtigen Fragen zu stellen. Sie sehen in Menschen keine Ressourcen, sondern Würde, Potenzial und die tiefe Sehnsucht nach Bedeutung. Manager verwalten den Status quo. Führungspersönlichkeiten schaffen Raum für das, was sein könnte. Das ist kein kleiner Unterschied. Es ist der Unterschied zwischen einer Organisation, die Menschen verbraucht und einer, die Menschen zum Leuchten bringt.

Der wahre Kulturbruch
Der entscheidende Irrtum unserer digitalisierten Management-Kultur? Der Glaube, man könne Führung in Algorithmen übersetzen. Führung lässt sich nicht programmieren. Sie lässt sich nicht automatisieren. Sie lässt sich nicht delegieren.

Während wir Arbeitsrealität in Dashboards und Kennzahlen auflösen, verschwindet das, was unersetzlich ist: Die Bereitschaft, im anderen mehr zu sehen als eine optimierbare Variable. Diese Entmenschlichung ist keine Nebenwirkung. Sie ist das logische Ergebnis einer Ökonomie, die den Menschen nur als Ressource betrachtet. Die revolutionärste Idee? Die einfachste. Der wahre Kulturbruch wäre die Rückkehr zum Menschlichen.

Die stille Revolution der Loyalität

Während der Vorstand von ThyssenKrupp am Morgen seine Büros betritt, versammelten sich am 30. April 2024 draußen auf der Wiese vor Tor 1 des Duisburger Stahlwerks tausende Stahlarbeiter (Stern 2024).

Nicht zu einer normalen Betriebsversammlung, sondern zu einem offenen Protest. Der Grund: Der Teilverkauf an einen tschechischen Milliardär wurde ohne Einbindung der Arbeitnehmervertretung beschlossen (Tagesschau 2024).

Ein Signal, das laut sagt: Eure Stimme zählt nicht mehr.

Draußen protestieren Tausende. Drinnen stellt sich eine unangenehme Frage: Hat Loyalität noch einen Platz, wenn Entscheidungen nur nach Zahlen getroffen werden?

Loyalität. Ein Begriff, den wir häufig und gern benutzen, aber selten hinterfragen. Wir haben vergessen, was er wirklich bedeutet.

Loyalität ist eine Einbahnstraße.

So behandeln wir sie jedenfalls. Wir predigen der Generation Z, sie solle sich dem Unternehmen verpflichtet fühlen während wir ihre Eltern in Scharen entlassen. Der Widerspruch ist offensichtlich. Aber wir haben uns an ihn gewöhnt. Oder gelernt, ihn zu übersehen.

ThyssenKrupp macht Schlagzeilen. Nicht wegen Innovation, sondern wegen Vertrauenskrisen. Ein Unternehmen, das einst für Dialog stand, zerbricht am Schweigen. In dieser Führungskrise könnte ein ungewöhnliches historisches Beispiel überraschende Einsichten bieten.

Seltsam, nicht wahr? Im Ruhrgebiet trägt der Stahl noch die DNA der Montanunion. Mitbestimmung bedeutet hier nicht Anhörung, sondern gemeinsames Entscheiden. Als wäre es ein stilles Versprechen aus einer anderen Zeit. Ein Versprechen, das plötzlich niemand mehr gehört haben will.

Wir könnten versuchen wieder langfristig zu denken.

Die Samurai verstanden etwas, was moderne Vorstände oft vergessen: Wer führen will, muss zuerst zuhören.

In der Edo-Periode brachten die Samurai Japan über 250 Jahre Frieden. Nicht nur durch Härte. Sondern durch etwas Überraschendes: kollektive Führung. Diese Periode war geprägt von Stabilität und innerem Frieden, unter anderem durch ein dezentrales, auf Konsens ausgerichtetes Führungsmodell. In regelmäßigen Ratsversammlungen trafen Vertreter verschiedenster Interessengruppen Entscheidungen.

Gemeinsam. Und mit echtem Einfluss.

Diese Räte waren keine symbolischen Gremien. Sie waren echte Orte des Austauschs, in denen selbst Widerspruch Teil der Lösung war.

Die mächtigsten Krieger ihrer Zeit verstanden: Wahre Stärke liegt nicht im Durchsetzen. Sondern im Zuhören. Und im Vertrauen darauf, dass viele Stimmen ein klareres Bild ergeben als eine einzelne.

Moderne Führungskräfte bauen Systeme für Kontrolle. Die Samurai bauten Beziehungen für Vertrauen.

Wir glauben, Systeme seien neutral. Doch jedes System erzählt eine Geschichte über das Menschenbild dahinter.

Wir messen Erfolg in Quartalen. Sie dachten in Vermächtnissen.

Die Vergangenheit flüstert uns manchmal die besten Ideen ins Ohr. Runde Tische statt Elfenbeintürme. Zuhören statt Anweisen. Beziehungen statt Regeln.

Diese zeitlose Weisheit hat auch für uns heute Relevanz.

Denken Sie an die Führungskraft, die Sie am meisten geprägt hat. War es die mit den besten Kennzahlen? Oder die, die in schwierigen Zeiten zu Ihnen stand? Die offen kommunizierte auch wenn die Wahrheit schmerzhaft war?

Die Frage ist nicht, was Ihre Mitarbeiter über Sie denken. Die Frage ist, was sie über Sie erzählen werden, wenn Sie nicht mehr im Raum sind.

Kyōsei: Das unterschätzte Geschäftsprinzip

> Disruption ist laut. *Kyōsei* ist leise. Und vielleicht gerade deshalb so mächtig.

63 Mrd. € fließen in Japans KI-Entwicklung (Market Screener 2024). OpenAI wählt Tokio für sein erstes internationales Büro (Nussey 2024). SoftBank entwickelt mit OpenAI „Cristal" (SoftBank News 2025). Ehemalige DeepMind-Strategen gründen Sakana AI (Reuters 2024). Beeindruckend. Zweifellos. Das wirklich Faszinierende liegt jedoch tiefer.

Hinter diesen Investitionen steht ein anderes Wertesystem. Nicht die hektische Jagd nach dem nächsten technologischen Vorsprung, sondern die Haltung, dass Technologie am besten funktioniert, wenn sie verbindet, statt zu trennen. Im Westen optimieren wir für Disruption und individuellen Erfolg. In Japan entwickelt man für Gemeinschaft und generationenübergreifenden Nutzen. Ein kleiner Unterschied in der Absicht, der einen enormen Unterschied in den Ergebnissen machen könnte.

Die Kunst des Miteinanders
Es gibt ein japanisches Wort, das den Kern dieses Ansatzes beschreibt: *kyōsei* (共生) – das Prinzip des „zusammenleben und wachsen". Einfach in der Übersetzung, aber revolutionär in der Anwendung. Vielleicht deshalb, weil es eine Geisteshaltung beschreibt, die in unserer westlichen Wettbewerbskultur fast ausgestorben ist.

Dieser Ansatz ist kein Marketingtrick oder neumodische Management-Theorie. Er wurzelt tief in der japanischen Geschichte, in der Erfahrung eines Landes, das regelmäßig von Naturkatastrophen heimgesucht wird, dass die Begrenztheit seiner Ressourcen kennt, das gelernt hat, dass Zusammenarbeit oft besser ist als Konfrontation.

> In *kyōsei* verbinden sich japanische Philosophie und wirtschaftliches Denken zu einer Idee, die für westliche Ohren utopisch klingen mag: Unternehmen und Gesellschaft sollten nicht gegeneinander, sondern miteinander wachsen.

Schon 1997 warnte Ryuzaburo Kaku, früherer Vorsitzender von Canon, vor einem blinden Fokus auf Marktanteile und sprach damit etwas aus, das heute aktueller ist denn je: „Wenn Unternehmen nur mit dem Ziel geführt werden, mehr Marktanteile zu gewinnen oder höhere Gewinne zu erzielen, könnten sie die Welt in wirtschaftlichen, ökologischen und sozialen Ruin führen" (Kaku 1997).

Dies ist keine Sozialromantik eines verträumten Idealisten. Es basiert auf der Überzeugung, dass langfristiger Erfolg nur durch harmonische Beziehungen mit allen Interessengruppen erreicht werden kann.

Der entscheidende Algorithmus ist nicht der, der auf unseren Computern läuft, sondern der, der unsere gesellschaftlichen Beziehungen formt, durch Werte, nicht durch Code. Es ist ein Weg, der Geduld verlangt in einer ungeduldigen Welt. Der Kooperation fordert in einer Kultur des Wettbewerbs. Der Bescheidenheit lehrt in einer Ära der Selbstüberhöhung.

Impulse aus Japan

Was heißt das für Deutschland, für Europa? Können wir hier etwas lernen? Wir könnten lernen, dass die Zukunft der KI nicht zwangsläufig von Disruption geprägt sein muss. Dass es einen Weg gibt, bei dem Fortschritt und Stabilität Hand in Hand gehen können. Vielleicht können wir lernen, dass wahre Innovation nicht darin besteht, alles Bestehende zu zerstören, sondern es behutsam weiterzuentwickeln. Dass Zusammenarbeit, selbst mit Wettbewerbern, zu größeren Durchbrüchen führen kann als isolierte Entwicklung.

Und das vielleicht Wichtigste was wir lernen können, ist dass die Technologien, die wir entwickeln, letztlich unsere Werte widerspiegeln sollten. Nicht nur unsere Fähigkeiten. Natürlich ist *kyōsei* kein Allheilmittel. Japan führt nicht alle Wirtschaftsrankings an. Doch es demonstriert eine Alternative: Stabilität statt Disruption, Harmonie statt erbittertem Wettbewerb, Langfristigkeit statt kurzfristiger Profite. Japanische Unternehmen wachsen langsamer, überdauern aber Generationen und schaffen eine Wirtschaft, die allen dient: Menschen, Gemeinschaften, Umwelt und kommenden Generationen.

Im Westen nichts Neues – Im Osten der dritte Weg
Für Europa, das zwischen amerikanischer Technologiedominanz und technokratischer Kontrolle Pekings navigieren muss, bietet der japanische Weg eine bedenkenswerte Alternative. Nicht als Blaupause, die eins zu eins übernommen werden kann, sondern als Denkanstoß für einen dritten Weg. Japan zeigt uns, dass technologischer Fortschritt und menschliche Freiheit keine Gegensätze sein müssen. Dass Innovation und Tradition Hand in Hand gehen können. Dass Technologie sich in den Dienst des Menschen stellt und nicht umgekehrt.

Der Algorithmus und die Freiheit
Die künstliche Intelligenz wird unsere Gesellschaft verändern, so viel ist sicher. Aber ob sie sie zum Besseren oder zum Schlechteren verändert, liegt nicht in der Technologie selbst, sondern in den Werten, die wir ihnen zugrunde legen. Japan hat seine Wahl getroffen: für ein Miteinander von Mensch und Maschine, für ein *kyōsei* der Künstlichen Intelligenz.

Die entscheidende Frage für uns ist nicht, ob dieser japanische Weg kopierbar ist, sondern ob wir den Mut haben, der Technologie ein menschliches Fundament zu geben. Solange wir noch die Wahl haben.

Das Sandwich-Prinzip

Alles passt zwischen zwei Scheiben Brot. Aber wenn du zwischen zwei Supermächten steckst? Dann wird's spannend.

Japan sitzt genau in diesem Sandwich: Oben die USA mit Zöllen wie ein Amboss. Unten China mit Zuckerbrot und Angeboten. Und dazwischen: Unternehmen, die entscheiden müssen, ob sie zerquetscht werden oder sich neu erfinden.

Honda zeigt, wie man sich selbst neu erfindet. Bisher kamen ihre Batterien für US-Hybridautos aus Japan und China. Eine Lieferkette wie ein offenes Buch. Dann kamen Trumps Zölle im April 2025 (PBS 2025): 25 % Wucht auf jede Naht der Lieferkette. Statt zu klagen, machte Honda etwas, was im alten Denken unmöglich gewesen wäre: Sie kauften Batterien von Toyota USA. Ihrem Rivalen. Ihrem Wettbewerbsfeind Nummer eins (Kölling 2025).

Es ist, als würde Apple plötzlich Chips von Samsung kaufen. Weil es das Geschäft verlangt. Das ist nicht einfach ein smarter Einkauf. Das ist eine neue Art, die Welt zu lesen. In der alten Welt gab es Freunde und Feinde, Partner und Konkurrenten. In der neuen Welt? Da gibt es nur noch Überlebende und ... die anderen.

„Team Japan" ist kein Marketingslogan. Es ist Überlebensstrategie im Endspiel um wirtschaftliche Relevanz. Japan kann nicht ohne die USA, seinen wichtigsten Sicherheitsgaranten. Aber Japan kann auch nicht gegen China, seinen größten Nachbarn und Magneten für künftiges Wachstum. Also lernen sie. Und Honda zeigt wie: Sie verlassen die alten Kategorien. Partner oder Gegner? Egal. Hauptsache: beweglich bleiben.

> Das Sandwich-Prinzip: Es geht nicht um das Brot. Es geht um das, was du dazwischen erschaffst. Unsichtbare Verbindungen. Unsichtbare Allianzen. Dinge, die von außen aussehen wie Zufall und innen knallharte Strategie sind.

Die Besten lernen nicht, mit dem Druck zu leben. Sie verwandeln ihn in etwas Neues. Während andere über Krümel klagen, erfinden sie neue Menüs. Und sie bauen Sandwiches, für die die Welt Schlange steht.

Conclusion

Unsere bisherige Reise führte uns durch die Kontraste zwischen japanischer Harmonie und westlichem Individualismus. Keine Kultur hat alle Antworten. Genau deshalb ist die Offenheit für andere Denkweisen so wichtig.

Im folgenden Kapitel entdecken wir die fundamentalen Unterschiede zwischen dem gesprochenen Wort westlicher Verträge und dem gelebten Vertrauen japanischer Geschäftspraktiken.

Literatur

Britannica Money (o. D.). *Morita Akio.* https://www.britannica.com/money/Morita-Akio. Zugegriffen: 8. April 2025

Deutsch, L. (o. D.). *13 of Maya Angelou's best quotes.* USA Today. https://eu.usatoday.com/story/news/nation-now/2014/05/28/maya-angelou-quotes/9663257/. Zugegriffen 8. April 2025

Fritz, M. (2023, 11. Dezember). *„Das Reinigen von Toiletten macht Menschen demütig".* WirtschaftsWoche. https://www.wiwo.de/erfolg/management/von-japan-lernen-das-reinigen-von-toiletten-macht-menschen-demuetig/28810104.html. Zugegriffen: 8. April 2025

Kaku, R. (1997). *The Path of Kyosei.* Harvard Business Review. https://hbr.org/1997/07/the-path-of-kyosei. Zugegriffen: 19. April 2025

Kölling (2025, 23. April). *Japans Unternehmen wappnen sich mit „neuen Ansätzen" gegen Trump.* Handelsblatt. https://www.handelsblatt.com/politik/international/team-japan-so-wollen-regierung-und-konzerne-die-trump-krise-meistern/100122888.html. Zugegriffen: 2. Mai 2025

Kyodo News (2025, 12. April). *7-Eleven stores of future to open at Osaka expo, with avatar robots.* https://english.kyodonews.net/news/2025/04/066f912e8da3-7-eleven-stores-of-future-to-open-at-osaka-expo-with-avatar-robots.html?phrase=sex+japan&words. Zugegriffen: 3. Mai 2025

Market Screener (2024). *Japan will 65 Milliarden Dollar zur Unterstützung der heimischen Chipindustrie vorschlagen, Entwurf zeigt.* https://at.marketscreener.com/kurs/aktie/IBM-4828/news/Japan-will-65-Milliarden-Dollar-zur-Unterstutzung-der-heimischen-Chipindustrie-vorschlagen-Entwurf-48321687/. Zugegriffen: 19. April 2025

Nussey, S. (2024, 16. April). *OpenAI bids for Japan business as it opens Tokyo office.* Reuters. https://www.reuters.com/technology/openai-bids-japan-business-it-opens-tokyo-office-2024-04-15/. Zugegriffen: 19. April 2025

Public Broadcasting Service (PBS) (2025). *A timeline of Trump's tariff actions so far.* https://www.pbs.org/newshour/economy/a-timeline-of-trumps-tariff-actions-so-far. Zugegriffen: 13. Mai 2025

Pitchbook (o. D.). *Kuradashi.* https://pitchbook.com/profiles/company/501051-70#overview. Zugegriffen: 9. April 2025

Reuters (2024). *Tokioter Labor Sakana, gegründet von ehemaligen Google-Forschern, veröffentlicht Open-Source-KI-Modelle.* Market Screener. https://de.marketscreener.com/kurs/aktie/ALPHABET-INC-24203373/news/Tokioter-Labor-Sakana-gegrundet-von-ehemaligen-Google-Forschern-veroffentlicht-Open-Source-KI-Mo-46248400/. Zugegriffen: 19. April 2025

Samurai Revolution (2015). *Sakamoto Ryoma and Nakaoka Shintaro: Very Different, Yet Very Similar.* https://www.samurai-revolution.com/sakamoto-ryoma-and-nakaoka-shintaro-very-different-yet-very-similar/#:~:text=Nakaoka%20Shintaro. Zugegriffen: 18. April 2025

Sheetz-Nguyen, J. A. (o. D.). *Onna-Bugeisha 'Warrior Women' [University of Central Oklahoma].* Journal of Student Research.

SoftBank News (2025). *OpenAI, SoftBank Group Corp. and SoftBank Corp. Unveil Joint Venture to Transform Business in Japan.* https://www.softbank.jp/en/sbnews/entry/20250207_01. Zugegriffen: 19. April 2025

Stern (2024, 30. April). *Massendemo gegen Milliardär: Wenn der Stahlhammer über Duisburg kreist.* Thyssenkrupp Steel: Massendemo gegen Milliardärsausverkauf | STERN.de. Zugegriffen: 25. April 2025

Studiosus (2024, 17. Oktober). https://www.studiosus.com/magazin/japans-reinheitskult-putzen-als-lebensphilosophie/. Zugegriffen am 30. Juni 2025

Tagesschau (2024, 23. April). Arbeitnehmer protestieren gegen Teilverkauf. Arbeitnehmer protestieren gegen Teilverkauf von thyssenkrupp | tagesschau.de. Zugegriffen: 25. April 2025

Takeda (o. D.). *Financial Highlights.* https://www.takeda.com/investors/financial-highlights/. Zugegriffen: 9. April 2025

Tayag, N. (2023, 21. Oktober). *Cleaning the loo is an honorable task.* Business Mirror. https://businessmirror.com.ph/2023/10/21/cleaning-the-loo-is-an-honorable-task/. Zugegriffen: 8. April 2025

The Editors of Encyclopaidia Britannica (o. D.). *Hōgen Disturbance.* Britannica. https://www.britannica.com/event/Hogen-Disturbance. Zugegriffen: 18. April 2025

The Japan News (o. D.). *Toyota, Honda, Nissan agree on in-car software collaboration in Japan.* The Detroit News. https://eu.detroitnews.com/story/business/autos/foreign/2024/10/16/toyota-honda-nissan-agree-on-in-car-software-collaboration-in-japan/75704612007/. Zugegriffen: 18. April 2025

The Yomiuri Shimbun (2023, 25. Dezember). *Japan Labor Productivity Ranks 30th among OECD Nations: Observers Blame Failure to Invest in human Resources.* The Japan Times. https://japannews.yomiuri.co.jp/business/economy/20231225-157873/. Zugegriffen: 7. April 2025

Watanabe, H. (2021). *The 2021 Japanese Corporate Governance Code.* Faculty of Law Blogs/University of Oxford. https://blogs.law.ox.ac.uk/business-law-blog/blog/2021/07/2021-japanese-corporate-governance-code. Zugegriffen: 7. April 2025

Das gesprochene Wort und das gelebte Vertrauen: Wege der Geschäftsbindung

Einleitung

Quartalsberichte, Shareholder Value, Gewinnmaximierung. Die westliche Wirtschaftswelt folgt ihren eigenen Ritualen. Die folgenden Beiträge stellen diese Selbstverständlichkeiten in Frage. Sie zeichnen Kontraste zwischen östlichen und westlichen Geschäftspraktiken, werfen unbequeme Fragen auf und zeigen alternative Pfade zum unternehmerischen Erfolg. Wirtschaft als Ausdruck kultureller Werte statt bloßes Mittel zum Zweck? Die Antworten könnten überraschen.

Samurai in Nadelstreifen

> Das Beeindruckendste an Werten ist nicht, dass wir sie besitzen. Sondern, dass sie uns besitzen.

Die meisten Unternehmen haben Werte. Auf Plakaten, in Handbüchern, in PowerPoint-Präsentationen. Doch echte Werte sind keine Wanddekoration. Sie sind ein Kodex, für den man etwas riskiert.

In Japan ist das für einige Führungskräfte keine hypothetische Frage. Während wir im Westen den nächsten Management-Trend jagen, greifen einige japanische Unternehmensführer auf etwas zurück, das älter ist als die industrielle Revolution: *Bushidō* – den Weg des Kriegers (Okamoto o. D.).

> Der Ehrenkodex der Samurai, *Bushidō* genannt, steht für ethisches Verhalten, der auf sieben Tugenden basiert: Rechtschaffenheit, Mut, Güte, Respekt, Ehrlichkeit, Ehre und Loyalität (Okamoto o. D.). Ethische Kategorien, die in unseren MBA-Programmen bestenfalls als Fußnoten vorkommen, wenn überhaupt.

Natürlich wäre es naiv, Japan zu romantisieren oder alle japanischen Konzerne als Hort der Tugend zu betrachten. Auch in Japan gibt es Korruption, Täuschung, moralisches Versagen. Die Bilanzskandale bei Toshiba und Olympus sowie Tepcos Intransparenz nach Fukushima sprechen eine andere Sprache.

Die unbekannten Samurai der Wirtschaftswelt
Ihre Unternehmen sind weltweit bekannt, doch diese japanischen Wirtschaftsführer selbst stehen selten im Rampenlicht:

> **Werte, die bleiben**
>
> Hiroshi Mikitani beispielsweise führt Rakuten, einen E-Commerce-Giganten, der in seiner Heimat mit Amazon konkurriert. In seinem Werk „Business-Dō" (eine bewusste Anlehnung an *Bushidō*), formuliert er eine Führungsphilosophie, die auf den Prinzipien der Samurai basiert: Disziplin, kontinuierliche Verbesserung, Aufrichtigkeit.

> **Beispiel**
>
> Oder Kazuo Inamori, der Gründer von Kyocera, der 2010 im Alter von 78 Jahren die Rettung der insolventen Japan Airlines übernahm. Unentgeltlich, aus einem Gefühl der Verpflichtung heraus.
> Er installierte die „Kyocera-Philosophie" im Unternehmen, ein Wertesystem, das auf Integrität, Fairness, Teamarbeit und Bescheidenheit basiert (Official Site of Kazuo Inamori o. D.). Unter seiner Führung wurde aus einem hoffnungslosen Fall wieder ein profitables Unternehmen.

> **Beispiel**
> Noch deutlicher wird Kengo Sakurada, Chef des Versicherungskonzerns Sompo Holdings. Sein 2021 erschienenes Werk „Bushidō Capitalism" ist ein Frontalangriff auf die Auswüchse des westlichen Wirtschaftsmodells. Er plädiert für eine Rückbesinnung auf Werte wie Integrität, Mut und Mitgefühl, die klassische Samurai-Tugenden, die er als Gegenmittel gegen kurzsichtiges Gewinnstreben versteht.

> **Beispiel**
> Und mit Tadashi Yanai beweist ein moderner Unternehmer, dass Samurai-Prinzipien auch digitale Mode-Imperien wie Uniqlo zum Erfolg führen können: kompromisslose Qualität, Ehrlichkeit, Demut und unerschütterliche Beharrlichkeit (Van Rooijen 2017).

Mythos Samurai

Es gibt etwas eigentümlich Befremdliches und zugleich Vertrautes in der Art, wie japanische Führungspersönlichkeiten auf alte Wertesysteme zurückgreifen, um moderne Herausforderungen zu bewältigen. Befremdlich, weil die Berufung auf einen Kriegerkodex unserer liberal-demokratischen Sensibilität zunächst widerstreben mag. Vertraut, weil sie uns an etwas erinnern, das wir vergessen haben: wirtschaftlicher Erfolg und gesellschaftliche Verantwortung müssen keine Gegensätze sein.

Es wäre ein Missverständnis, den japanischen Führungsstil einfach kopieren zu wollen. Der Bushidō-Einfluss wurzelt in einer Gesellschaft, deren kollektives Bewusstsein und Traditionsbezug sich fundamental von unserem Individualismus unterscheidet. Es geht vielmehr darum, zu verstehen, dass eine andere Art des Wirtschaftens möglich ist, wie bestimmte Werte, Integrität, Verantwortung, Selbstdisziplin, Loyalität, in einer globalisierten Wirtschaftswelt neu artikuliert werden können.

Was wir lernen können – ohne Japan zu idealisieren
Die Bushidō-Prinzipien sind kein magisches japanisches Geheimrezept. Sie sind universelle Werte, neu interpretiert für eine moderne Geschäftswelt, wie z. B.:

- *Ehre wird zu Verantwortung:* Sie können nicht kontrollieren, was passiert. Aber Sie können kontrollieren, wie Sie darauf reagieren.
- *Demut wird zu Lernfähigkeit:* Der größte Feind der Weiterentwicklung ist die Überzeugung, bereits angekommen zu sein.
- *Loyalität wird zu Gegenseitigkeit:* Wer viel erwartet, muss ebenso viel geben.
- *Beharrlichkeit wird zu Exzellenz:* Der Unterschied zwischen „gut genug" und „herausragend" liegt oft in der Bereitschaft, den extra Schritt zu gehen. Und dann noch einen.

Die Samurai der Moderne
Die Bushidō-Manager Japans erinnern uns an etwas, das in unseren ökonomischen Diskursen oft zu kurz kommt: dass Wirtschaft keine Naturgewalt ist, sondern menschengemacht. Dass sie kein Selbstzweck ist, sondern ein Mittel zum Zweck. Dass Wirtschaft immer eingebettet ist in einen kulturellen und ethischen Kontext und dass dieser Kontext nicht gegeben ist, sondern gestaltet werden kann.

Am Ende sind es die täglichen Entscheidungen. Die kleinen Momente der Wahrhaftigkeit. Die stillen Gesten des Respekts. Es ist die Bereitschaft, Verantwortung zu übernehmen, wenn es schwer wird. Es ist der Mut, langfristig zu denken in einer Welt der Kurzfristigkeit. Es ist die Demut, sich selbst zurückzunehmen zum Wohle des Ganzen. Denn am Ende ist es ganz einfach: Wir besitzen keine Werte. Die Werte besitzen uns. Welchen wollen Sie gehören?

Die wichtigste Währung

Drei. In Worten: Drei Ihrer größten Kunden. Weg. Wie Sand, der durch die Finger rinnt, entgleitet Ihnen das Fundament Ihres Geschäfts. Genauso erging es dem International Olympic Committee (IOC): Im Jahr 2024 zogen sich mit Toyota, Panasonic und Bridgestone gleich drei der wichtigsten japanischen Sponsoren zurück (Reuters 2024b). Globale Marken, jahrzehntelange Partner.

Ein toxischer Cocktail aus Starrsinn, Intransparenz und fehlender Dialogbereitschaft veranlasste diese Unternehmen, ihre langjährigen Sponsoring-Partnerschaften zu beenden. Doch hinter dem Rückzug dieser langjährigen Partner stand mehr als Unzufriedenheit. Panasonic nannte es noch eine reine „Managemententscheidung", Toyota wurde nicht nur für japanische Verhältnisse sehr deutlich und sprach von „zunehmende Politisierung" (AP News 2024; ZDF 2024; Forbes 2024).

Was heißt das für uns? Zu oft richten wir den Fokus auf Neukundengewinnung und vernachlässigen dabei das eigentliche Kapital unseres Geschäfts: das Vertrauen unserer Bestandskunden.

> Vertrauen ist kein netter Zusatz. Es ist die Basis. Und wenn wir diese Basis ignorieren, gerät selbst das erfolgreichste Unternehmen ins Wanken. Genau das ist dem IOC passiert. Es hat die wichtigste Währung des 21. Jahrhunderts verspielt.

Das Beispiel zeigt schmerzhaft, wie schnell Vertrauen verloren gehen kann. Vertrauen bröckelt nicht plötzlich, es zerfällt schleichend, wenn Bedürfnisse ignoriert und Signale übergangen werden. Ein Trauerspiel mit Ansage.

Die olympischen Ringe mögen strahlen, doch ohne Verlässlichkeit und Glaubwürdigkeit bleiben sie nur ein Symbol ohne Substanz. Denn: Egal, wie groß Ihre Marke ist, Ihre Kunden wollen mehr als ein Logo. Sie wollen wissen, dass Sie zuhören. Dass Sie da sind, wenn es darauf ankommt. Dass Sie mehr sind als ein Versprechen.

Vertrauen entsteht nicht durch Hochglanzkampagnen. Es entsteht durch Haltung, Handeln und Kontinuität. Und es verschwindet schneller, als man denkt, wenn man es nicht aktiv pflegt.

Vertrauen ist das neue Kapital. Misstrauen ist heute geschäftlicher Alltag. Nur kompromisslose Disziplin schafft Vertrauen. Wer zuhört. Wer Versprechen gibt. Und hält. Vertrauen ist vielleicht die schwierigste Disziplin. Aber für die wahren Champions ist es der einzige Weg aufs Podest.

Toyota vs. Volkswagen: Warum dieser Vergleich mehr Sinn macht als Äpfel mit Nüssen

Man sagt oft, dass der Vergleich von Toyota und Volkswagen wie Äpfel mit Nüssen sei. Unterschiedliche Märkte, unterschiedliche Kulturen, unterschiedliche Strategien. Doch bei genauerem Hinsehen erkennt man: Beide Früchte wachsen am selben globalen Wirtschaftsbaum, nur mit völlig unterschiedlichen Nährstoffen.

Während VW im dritten Quartal 2024, also von Juli bis September, mit einem drastischen Rückgang des operativen Gewinns um 42 % auf 2,86 Mrd. € und drohenden Werksschließungen kämpfte (Ebert 2024), glänzte Toyota im gleichen Zeitraum seines Geschäftsjahres, Oktober bis

Dezember 2024,[1] mit einem operativen Gewinnsprung um 76 % auf 1,68 Billionen Yen (ca. 12,8 Mrd. €) (Reuters 2024a).

Was macht den Boden in Japan so fruchtbar, während europäische Wurzeln zu verkümmern drohen? Ja, der schwache Yen hilft. Und natürlich auch das *kaizen*-Konzept, diese unerschütterliche Hingabe an ständige Verbesserung, die in Toyotas DNA verankert ist wie bei kaum einem anderen Unternehmen weltweit. Aber wer nur darauf blickt, sieht nur die Spitze des Eisbergs. Das wirklich Faszinierende spielt sich unter der Oberfläche ab.

Ein oft übersehener Schlüsselspieler ist das japanische Ministerium für Wirtschaft, Handel und Industrie (METI). Kein regulierender Gegner, sondern ein strategischer Partner. METI denkt nicht in Quartalen, sondern in Generationen. Und hier wird es interessant. Während in Europa jedes Unternehmen seine eigene Festung baut und verteidigt, orchestriert METI im Hintergrund etwas ganz anderes: eine Symphonie der Zusammenarbeit. Toyota, Nissan und Panasonic steigern gemeinsam die Batterieproduktion um 50 %. Gleichzeitig entwickeln Toyota, Nissan und Honda Softwarelösungen für autonomes Fahren, die alle voranbringen.

Diese Unternehmen, Konkurrenten, wohlgemerkt, haben verstanden, was in Europa noch als ketzerisch gilt: Der wahre Wettbewerb findet nicht zwischen einzelnen Herstellern statt, sondern zwischen ganzen Industrieökosystemen. Vergessen Sie die oberflächliche Debatte darüber, welcher Konzern „besser" ist. Der eigentliche Punkt: Kann ein vernetztes Ökosystem einen fundamentalen Vorteil gegenüber isolierten Einzelkämpfern haben?

Es geht nicht um Fahrzeuge. Es geht um Denkweisen. Disruptive Kräfte umwirbeln die Automobilbranche. Und die Japaner haben begriffen, was europäische Konzerne oft übersehen: Einzelne Bäume fallen im Sturm. Ein Wald mit unterirdisch vernetzten Wurzeln, die Nährstoffe und Informationen teilen, der überlebt.

---

[1] Mehr als drei Viertel der an der Börse notierten japanischen Unternehmen beginnen ihr Geschäftsjahr am 1. April und schließen es am 31. März des folgenden Jahres. Diese Praxis stimmt mit dem japanischen staatlichen Haushaltsjahr überein, das ebenfalls vom 1. April bis zum 31. März läuft. Es handelt sich um eine langjährige kulturelle und administrative Norm in Japan, die auf das späte 19. Jahrhundert zurückgeht und auch von Schulen und öffentlichen Einrichtungen befolgt wird (Servoz 2024). Deshalb geht Q3 von Oktober bis Dezember, während es in Deutschland von Juli bis September geht.

Das gesprochene Wort und das gelebte Vertrauen: Wege der ...

VW denkt in Produkten. Toyota denkt in Verbindungen. Und deshalb ist dieser Vergleich eben doch mehr als Äpfel und Nüsse. Er ist ein Blick in zwei mögliche Zukünfte der gesamten Industrie. Der Weg nach vorn liegt nicht in besseren Autos. Er liegt in besseren Beziehungen. Wer das als Erster versteht, wird nicht nur überleben. Er wird blühen. Wer am Ende die Nase vorn haben wird? Die Antwort könnte uns alle überraschen.

Die bittere Wahrheit

Wussten Sie, dass sich Kunden nicht wegen, sondern trotz Ihrer Bemühungen für einen Kauf entscheiden? Und wussten Sie auch, dass laut einer Gartner-Studie bereits 2017 drei von vier B2B-Kunden den persönlichen Kontakt mit Vertriebsmitarbeitern lieber vermieden hätten (Gartner o. D.a)? Inzwischen ist dieser Trend noch deutlicher: Es wird prognostiziert, dass rund „80 % der B2B-Verkaufsinteraktionen in digitalen Kanälen stattfinden werden" (Gartner o. D.b).

Ich kenne jedenfalls niemanden, der morgens aufwacht und denkt: „Heute will ich unbedingt mit einem Verkäufer sprechen." Autsch. Aber die Vertriebsbranche hat sich das selbst eingebrockt. Kunden durchschauen einstudierte Verkaufstaktiken. Sie riechen Drücker, provisionsgetriebene und egozentrische Verkäufer schon zehn Meilen gegen den Wind.

Was wäre, wenn Vertrieb nicht überzeugen, sondern dienen bedeutet? Die Philosophie der japanischen Teezeremonie bildet dazu einen starken Kontrast: eine jahrhundertealte Praxis, bei der Achtsamkeit, Respekt und Selbstlosigkeit im Zentrum stehen. Nicht das Ego steht im Vordergrund, sondern die Weisheit, dass wahre Bedeutung nicht im eigenen Wichtigsein liegt, sondern in der Hingabe, die Bedürfnisse anderer zu erfüllen.

Die Teezeremonie bringt es auf den Punkt und passt perfekt in die Welt des Verkaufs. Die besten Verkäufer verkörpern diesen Geist der selbstlosen Kundenorientierung. Sie wissen, dass echter, nachhaltiger Erfolg nicht aus Eigeninteresse kommt, sondern aus Hilfsbereitschaft und dem ehrlichen Wunsch, die Ziele des Kunden zu verstehen und zu erfüllen. Den „Weg des Tees" einzuschlagen ist ein Paradigmenwechsel, keine Frage. Aber diejenigen, die bereit sind, den Kunden an erster Stelle zu setzen, werden in der neuen Ära des B2B-Vertriebs die Gewinner sein.

Eine Tasse Tee wird Sie nicht über Nacht zum besseren Verkäufer machen. Aber die Haltung dahinter – Demut, Aufmerksamkeit und echtes Interesse am Gegenüber – könnte der entscheidende Unterschied sein, wenn niemand mehr mit Verkäufern sprechen will. Außer vielleicht mit Ihnen.

Wo sitzen Sie?

Worauf achten Sie, wenn jemand die Tür zum ersten Mal öffnet? Die japanische Teezeremonie weiß es: Der Sitzplatz ist kein Detail: Er ist alles. Bei uns? Der Sitzplatz ist „irgendwo da drüben". Die Warteschlange ist „normal". Die Wartezeit ist „unvermeidlich". Doch jeder Kundenkontakt kann eine strategische und respektvolle Kunstform sein.

In der Hektik unserer effizienzgetriebenen Geschäftswelt übersehen wir, was die Teezeremonie seit Jahrhunderten praktiziert: Das Erlebnis IST das Produkt. Die Teezeremonie lehrt uns nicht nur Raumordnung, sondern eine Philosophie: Jeder Aspekt der Kundeninteraktion verdient bewusste Gestaltung.

Revolutionäre Kundenorientierung entsteht nicht durch schnellere Prozesse oder niedrigere Preise. Sie entsteht durch den Mut, jedes Detail als Möglichkeit zur Ehrerbietung zu betrachten. Die Frage ist nicht, ob Ihr Unternehmen funktioniert. Die Frage ist, ob es eine Zeremonie erschafft, die man nicht vergisst.

Durchschnittliche Unternehmen optimieren Prozesse. Außergewöhnliche Unternehmen zelebrieren Momente. Welches sind Sie?

Service mit Stil

Weiße Handschuhe sind das Markenzeichen von Taxifahrern in Japan: Sie stehen für Service mit Stil.

Das Hauptziel jeder Taxifahrt ist es, Passagiere sicher und kostengünstig von A nach B zu bringen: Eine Serviceleistung, die jeder Kunde erwartet.

Service mit Stil geht jedoch über die Erwartungen der Kunden hinaus. Er schafft Raum für gegenseitige Wertschätzung, Fürsorge, Respekt und Dankbarkeit. Werte, die im Mittelpunkt einer japanischen Teezeremonie stehen, die tiefes Vertrauen zwischen Gastgeber und Gast schaffen. Vertrauen, das sich herumspricht.

Service mit Stil ist eine unternehmerische Entscheidung. Service ohne, aber auch.

In Deutschland: Sterbender Einzelhandel

In Japan: Läden als Kulturgüter. Was sagt das über unsere Gesellschaft aus? Während ich vor kurzem mit meinem japanischen Freund durch Tokio lief, fiel mir die dichte Präsenz der Convenience Stores wie 7-Eleven, FamilyMart oder Lawson auf. Unmöglich zu übersehen. Diese Convenience Stores sind keine Spätis, sondern 24/7-Servicezentren für Lebensmittel, Bank, Pakete, Tickets und Behördengänge. „In Japan sind sie wie Kulturgüter", erklärte mein Freund. Ein Laden als Kulturgut? Erst lachte ich. Bis ich genauer hinsah.

Diese Läden sind mehr als Geschäfte. Sie sind Dorfbrunnen. Lagerfeuer. Orte, an denen Gemeinschaft passiert, nicht nur Konsum. Was sagt es über eine Gesellschaft aus, wenn sie den Einzelhandel als Kulturgut betrachtet und was über eine, die ihn sterben lässt?

Wir haben in den letzten Jahrzehnten eine schleichende Veränderung unserer Einkaufskultur erlebt. Eine Veränderung, die nicht von außen kam, sondern die wir selbst vorangetrieben haben. Im Namen der Effizienz, der Kostenoptimierung, der Bequemlichkeit.

Der Marktplatz, jahrhundertelang das Herz unserer Städte, ist zur touristischen Kulisse verkommen. Die kleinen Läden, in denen man nicht nur einkaufte, sondern auch am Leben der Gemeinschaft teilnahm, sind verschwunden. Die großen Kaufhäuser, einst Symbole bürgerlicher Kultur und wirtschaftlichen Aufschwungs, kämpfen verzweifelt um ihr Überleben.

Mit unseren täglichen Konsumentscheidungen haben wir die Einkaufskultur geopfert: Persönlichkeit für Preis, Begegnung für Algorithmen, Gemeinschaft für Bequemlichkeit. Mit einem Klick bestellen? Bequem. Ohne Gespräch einkaufen? Praktisch. Nicht mehr durch die Stadt laufen? Zeitsparend.

Doch wofür sparen wir diese Zeit? Für mehr Zeit vor dem Bildschirm? Für mehr Einsamkeit? Für mehr Entfremdung? Die Einkaufskultur ist ein Spiegel unserer Gesellschaft. Und was wir darin sehen, sollte uns beunruhigen: eine Gesellschaft, die den Wert der Begegnung, des Miteinanders, des sozialen Austausches vergessen hat. Eine Gesellschaft, die Effizienz über alles stellt und dabei vergisst, dass der Mensch nicht von Effizienz allein lebt.

Einkaufen ist kein trivialer Akt. Es ist ein sozialer, ein kultureller, ein zutiefst menschlicher Akt. Japan hat seine Antwort auf die Frage nach der Bedeutung des Einkaufens gegeben. Eine kluge Antwort. Eine menschliche Antwort. Und wir? Wollen wir eine Welt, in der das Einkaufen nur noch ein Algorithmus ist? Eine Welt, in der wir uns nur noch als Konsumenten, nicht mehr als Bürger, als Menschen begegnen?

Die Zukunft des Einkaufens ist nicht entschieden. Sie liegt in unseren Händen. In den Entscheidungen, die wir täglich treffen, wenn wir einkaufen gehen. Oder eben nicht.

Das Shōgun-Prinzip: Neuerfindung ohne Selbstaufgabe

Reboots und Remakes überschwemmen die Bildschirme. Doch eine Serie sticht heraus. Nicht wegen ihrer Budgets oder Spezialeffekte, sondern wegen ihres Ansatzes. „Shōgun" 1980 war ein Phänomen. Es prägte das westliche Verständnis von Japan für eine ganze Generation und erschuf Vorstellungen, die Jahrzehnte überdauerten. Ein Bild voller Projektionen und westlicher Perspektiven. Ein Bild, das mehr über den Betrachter aussagte als über Japan selbst. Die Neuverfilmung in 2024 ändert alles, indem sie nicht versucht, alles zu ändern (siehe auch Abschn. Gewinner).

Der entscheidende Unterschied liegt nicht in der Technologie oder im Budget, sondern in der Haltung. Die neuen Produzenten haben nicht gefragt: „Wie können wir diese Geschichte besser erzählen?" Sondern: „Wie können wir diese Geschichte authentischer erzählen?"

Authentizität ist kein Bonus-Feature. Sie ist das Produkt. Die Produzenten haben nicht verschiedene Kulturen an einen Tisch gesetzt, um eine Quote zu erfüllen. Sie haben verstanden, dass echte Begegnung auf Augenhöhe die einzige Möglichkeit ist, eine wahre Geschichte zu erzählen.

Kein Wunder, dass genau diese Haltung die Serie 2024 mit 18 Emmys zur erfolgreichsten aller Zeiten gemacht hat (Tagesschau 2024).

Was würde passieren, wenn wir in unseren Unternehmen den gleichen Ansatz wählen würden? Die meisten Firmen suchen nach dem großen Wurf, der Innovation, die alles auf den Kopf stellt. Dabei vergessen sie oft, dass ihre größte Stärke nicht in der Neuerfindung, sondern in der Neuinterpretation liegt. Sie haben bereits eine Geschichte. Sie haben bereits ein Erbe. Sie haben bereits Ressourcen. Die Frage ist: Wie nutzen Sie sie?

> Das „Shōgun-Prinzip" bedeutet nicht, alles über Bord zu werfen. Es bedeutet, das Wesentliche zu bewahren und alles andere zu hinterfragen.

Während die ursprüngliche Serie Japan als exotische Kulisse für eine westliche Geschichte nutzte, macht die neue Version Japan selbst zur Geschichte. Der Unterschied mag subtil erscheinen, ist aber fundamental.

Was „Shōgun" uns lehrt, ist eine Form der Innovation, die wir oft übersehen: Innovation durch Perspektivwechsel. Während viele Unternehmen Innovation mit neuen Funktionen oder disruptiven Technologien gleichsetzen, zeigt uns diese Serie, dass manchmal die radikalste Innovation darin besteht, etwas mit völlig anderen Augen zu betrachten.

Der Erfolg der neuen Serie ist kein Zufall. Er ist das Ergebnis einer bewussten Entscheidung, tiefer zu gehen, genauer hinzusehen und ehrlicher zu sein. Denn ‚Shōgun' ist nicht nur eine TV-Serie, es ist auch ein Spiegel, der unsere eigene Abneigung oder unsere Bereitschaft widerspiegelt, sich den Herausforderungen des Wandels zu stellen. Der Erfolg gibt den Serienentwicklern Recht. Welche ‚Serie' schreiben Sie in Ihrem Unternehmen neu?

Ein Vertrag oder echte Partnerschaft?

FIS und formcraft wählten 提携 (sprich: *teikei*). 提携: ein einziges japanisches Zeichen mit großer Bedeutung: Partnerschaft. Kooperation. Zusammenschluss. Es beschreibt eine tiefe, gegenseitige Verantwortung und das Streben nach gemeinsamem Erfolg.

Für mich stand immer fest: Menschen verbinden sich mit Menschen, nicht Verträge mit Verträgen. Im Konzern wie als Unternehmer habe ich nach diesem Prinzip gelebt. Langfristiger Erfolg entsteht nicht durch kurzfristige Deals, sondern durch tiefe, beständige Beziehungen. Es ist das Fundament jeder echten unternehmerischen Tätigkeit. *Teikei* 提携 verbindet zwei Zeichen. Und zwei Konzepte: Das linke Zeichen 提 bedeutet ‚etwas anbieten', deine einzigartige Stärke. Rechts 携 steht für ‚Gemeinsam tragen', wie ein Team mit einem klaren Ziel.

> **Beispiel**
>
> Und wie wird es gelebt? In einer über 16 Jahre währenden Partnerschaft zwischen der FIS Informationssysteme und Consulting GmbH und formcraft GmbH. Keine gewöhnliche Geschäftsbeziehung, sondern etwas viel Tiefgründigeres. Eine Verbindung, die über das Papier hinausgeht und in der täglichen Zusammenarbeit atmet. Die FIS GmbH ist ein mittelständisches Unternehmen, spezialisiert auf SAP-Lösungen und Prozessoptimierung. formcraft, mein Unternehmen, brachte komplementäre Expertise in digitaler Transformation und Workflow-Design mit. Doch was uns wirklich verband, war mehr als nur fachliche Komplementarität. Es war *teikei* 提携, das Prinzip des Anbietens und gemeinsamen Tragens.

Die unsichtbare Architektur echter Partnerschaften

So sieht echte Partnerschaft aus. Nicht nur auf Papier. Die meisten Partnerschaften zerbrechen an den Lücken, die kein Vertrag füllen kann. Wo das Kleingedruckte aufhört und das eigentliche Zusammenspiel beginnt. In diesen Zwischenräumen gedeiht oder stirbt jede Kooperation. *Teikei* kennt kein Kleingedrucktes. Nur gegenseitiges Vertrauen.

Im Geschäftsalltag begegne ich ständig Verträgen, die versuchen, jede Eventualität abzudecken, ein letztlich aussichtsloses Unterfangen. Die wirkliche Magie entsteht in den Momenten, die kein Paragraf vorhersehen kann: Wenn ein Partner eine Extrameile geht, ohne nach der Rechnung zu fragen. Wenn gemeinsam durch Krisen navigiert wird, nicht weil es der Vertrag verlangt, sondern weil es richtig ist.

Die Prüfung der Zeit

16 Jahre später und wir wissen: Das war der Unterschied. Wir haben nicht nur sechzehn Jahre zusammengearbeitet. Wir haben sechzehn Jahre lang *teikei* gelebt. Tag für Tag. In diesen Jahren hat sich immer wieder bestätigt, was ich von Anfang an wusste: Echte Partnerschaften wie die mit FIS werden nicht durch Quartalsberichte gemessen. Sie werden gemessen an gemeinsam überwundenen Herausforderungen, an Innovationen, die aus dem Zusammenspiel unterschiedlicher Stärken entstanden sind, an Kundenbeziehungen, die durch gebündelte Kompetenzen vertieft wurden.

Das Paradoxon des Gebens
Unser neuer Vertrag ist nicht bloß ein Dokument. Er ist die Bestätigung dessen, was wir beide längst wissen: Dass die Zukunft denen gehört, die verstanden haben, dass echte Partnerschaften keine Ablaufdaten kennen.

Wahre Partnerschaften bestehen nicht aus zwei Unternehmen, die versuchen, mehr zu nehmen als zu geben. Sie bestehen aus zwei Partnern, die verstanden haben, dass 1 + 1 = 3 sein kann. Aber nur, wenn beide bereit sind, etwas anzubieten und gemeinsam zu tragen.

Die *teikei*-Frage
Das nächste Mal, wenn Sie eine Partnerschaft eingehen, fragen Sie sich: Verkörpern wir *teikei*? Oder nur den nächsten Quartalsgewinn? Der Unterschied ist nicht subtil. Er ist alles.

Entschuldigen Sie sich 20-Mal

In Japan gibt es über zwanzig Arten, sich zu entschuldigen (BBC 2015). Zwanzig. Nicht, weil man sich ständig schuldig fühlt. Sondern weil man verstanden hat, dass eine Entschuldigung nicht das Ende ist. Sondern der Anfang. Ein Zeichen von Respekt. Ein Werkzeug der Verbindung. Ein Schmiermittel für Beziehungen. In Wirtschaft wie im Alltag.

Das Missverständnis
Im Westen bedeutet eine Entschuldigung oft: Ich habe einen Fehler gemacht. Ich übernehme die Schuld. Ich riskiere etwas. In Japan bedeutet sie: Ich sehe dich. Ich achte dich. Ich erkenne an, dass zwischen uns etwas aus dem Gleichgewicht geraten ist. Es ist kein Schuldbekenntnis. Es ist ein Angebot.

Doch wir im deutschsprachigen Raum haben eine ganz eigene Art, damit umzugehen. Wir ziehen uns auf das Wort selbst zurück. „Ent-Schuldigung". Ein Versuch, sich selbst von Schuld zu entledigen. Aber kann ich das überhaupt? Kann ich mich selbst von Schuld befreien? Unmöglich. Diese Macht liegt beim anderen. Was wir wirklich sagen, wenn wir uns „entschuldigen", ist: „Bitte befreie mich von meiner Schuld." Ein Satz, der still um Vergebung bittet, nicht um Freispruch. Ein Akt, der Demut verlangt und uns in die Hände des anderen legt. Aber in einer Kultur, die Selbstverwirklichung über Gemeinschaft stellt, wird Verletzlichkeit zum Risiko und daher vermieden.

Wenn Führung sich verbeugt

In japanischen Unternehmen ist die Entschuldigung nicht nur eine kulturelle Geste, sie ist Teil eines systematischen Führungsverständnisses. Manager entschuldigen sich öffentlich, wenn Fehler passieren, auch dann, wenn sie persönlich keine Schuld tragen. Warum? Weil sie wissen: Eine schnelle, ehrliche Entschuldigung kann Vertrauen bewahren. Bei Kunden, Mitarbeitenden, Partnern. Nicht die Schuldfrage steht im Zentrum, sondern die Beziehung.

> **Beispiel**
>
> Der CEO von Toyota verbeugt sich öffentlich bei einem Rückruf. Nicht aus juristischer Notwendigkeit, sondern zur Wiederherstellung von Vertrauen (Luzerner Zeitung 2015).
> Weil die Bahn 25 s (!) zu früh abfuhr, entschuldigt sich der Zugführer öffentlich. Aus Respekt gegenüber der Zeit der Fahrgäste (Haase 2018).

In der japanischen Unternehmenskultur ist die Entschuldigung ein Mittel zur Krisenprävention, nicht zur Schadensbegrenzung.

Interkulturelle Missverständnisse

Westliche Geschäftspartner reagieren häufig irritiert: Warum entschuldigt sich ein japanischer Kollege für einen Fehler, den „er gar nicht gemacht hat"? Was wie Selbsterniedrigung erscheint, ist in Wahrheit ein Zeichen von Verantwortungsübernahme. Nicht individuell, sondern stellvertretend für das Team, das Unternehmen, das größere Ganze.

Doch genau hier lauert die Gefahr interkultureller Missverständnisse: Im westlichen Kontext kann eine Entschuldigung rechtlich als Schuldeingeständnis gewertet werden, mit Konsequenzen für Haftung und Verantwortung. In Japan hingegen ist sie wichtiger Bestandteil, um die Harmonie der Gemeinschaft und damit der Gesellschaft zu wahren.

Verantwortung ohne Bühne
Die japanische Führungskultur verlangt nicht Stärke durch Dominanz, sondern durch Verantwortung in der Gemeinschaft. Ein Manager, der sich entschuldigt, demonstriert nicht Schwäche, sondern Integrität. Das bedeutet:

- Ich stehe zu den Konsequenzen.
- Ich stelle das Team über mein Ego.
- Ich erkenne an, dass mein Verhalten Auswirkungen auf andere hat.

Das ist nicht Naivität. Das ist strategische Empathie.

Die Macht der kleinen Geste
Die japanische Kultur kennt über 20 Formen, um Bedauern auszudrücken. Das ist kein linguistisches Ornament. Es ist die Architektur einer Kultur, die gelernt hat, dass Beziehungen nicht durch Stärke, sondern durch Balance getragen werden. Und Balance entsteht nicht durch Regeln, sondern durch Haltung. Nicht das Was, sondern das Wie entscheidet. Nicht der Ton, sondern das Zuhören. Vielleicht beginnt Respekt genau dort: Wo man aufhört, sich selbst zu rechtfertigen und beginnt, den anderen zu ernst zu nehmen.

Ihr Zug
Die Frage ist nicht: Haben Sie recht? Die Frage ist: Wollen Sie Recht behalten, oder wollen Sie Beziehung? Wollen Sie Ihre Position sichern oder Ihre Integrität zeigen? Manchmal gewinnt man, wenn man den ersten Schritt macht. Wenn man innehält. Sich verbeugt. Und sagt: Ich bitte um Entschuldigung.

Vielleicht ist es Zeit, dass wir die Entschuldigung aus dem Bereich des Juristischen zurück in den Raum des Menschlichen holen. Von Instrument zu Brücke. Von Taktik zu Weisheit. Ob im Büro oder am Küchentisch, in der Führungsetage oder im Freundeskreis, im professionellen Umfeld oder in der Partnerschaft, die Kunst der aufrichtigen Entschuldigung verbindet uns über alle Grenzen hinweg. Nicht als Zeichen der Schwäche, sondern als Bekenntnis zur Stärke, die in der Verbindung liegt.

Die stille Kraft des ersten Schrittes

Ein Ziel, das alles verändert. „Unser Ziel ist es, innerhalb von zehn bis zwanzig Jahren kommerziell auf eigenen Füßen zu stehen", sagt Rapidus-Chef Koike (Kölling 2024). Japan will überspringen, was andere in Jahrzehnten aufgebaut haben: mehrere Chipgenerationen auf einmal. Ich musste es zweimal lesen. Und als ich die Summen sah, sogar ein drittes Mal.

Ein Land mit technologischem Gedächtnis
Japan war einst führend bei Halbleitern, bevor es diesen Status in den Neunzigern an Taiwan und Südkorea verlor. Anstatt sich damit abzu-

finden, stemmt es sich jetzt mit unglaublicher Wucht gegen diesen Verlust: 6,0 Mrd. Dollar. Plus weitere 5,4 Mrd. Dollar investiert die Regierung (NHK World Japan 2025).

Das Kalkül ist gewagt: Statt graduell aufzuholen, springt Japan über eine gesamte Chip-Generation und steigt sofort bei der Spitzentechnologie ein. Die 920 Mio. €, die die Bundesregierung für eine Infineon-Fabrik in Dresden bereitstellt, wirken daneben wie ein halbherziger Versuch, wenigstens symbolisch dabei zu sein (Europäische Kommission 2025).

Was, wenn es klappt?
Natürlich drängen sich sofort berechtigte Fragen auf: Wird dieses Halbleiterprojekt wirtschaftlich erfolgreich sein? Wird es Produkte hervorbringen, die für den Massenmarkt zu teuer sind? Sind die Wettbewerber, Samsung, TSMC, bereits uneinholbar enteilt?

Unabhängig davon ist eins für mich offensichtlich: In Japan hat man verstanden, dass es im 21. Jahrhundert nicht genügt, ein Zulieferer zu sein, ein Veredler, ein Dienstleister in den Wertschöpfungsketten anderer. Wer die Basistechnologien nicht beherrscht, wird abhängig. Und Abhängigkeit bedeutet in einer Welt wachsender geopolitischer Spannungen Verwundbarkeit.

Mut zum Risiko statt Angst vorm Scheitern
Und selbst wenn das Projekt scheitern sollte, hat Japan etwas gewagt, was Deutschland sich nicht mehr zutraut: den Versuch, technologische Souveränität zurückzugewinnen. Das Scheitern wäre in diesem Fall ehrenhafter als unsere Weigerung, überhaupt anzutreten.

Deutschland? Verwalten statt gestalten
Ist das nicht merkwürdig? Wir Deutsche galten einst als Nation der Denker und Erfinder. Und heute? Während Japan eine ganze Chipgeneration überspringen will, um direkt bei den fortschrittlichsten Halbleitern einzusteigen, begnügen wir uns mit kleinen Schritten.

Tempo, das hierzulande undenkbar wäre

In Japan hat man keine Zeit für fein ziselierte Industriedebatten. Ein halbes Jahr nach dem Start von Rapidus war klar, wo produziert werden sollte. Während dort binnen weniger Monate Grundstücke bereitgestellt, Wasserleitungen verlegt und Genehmigungen erteilt werden, diskutieren wir über Fördergelder, über staatliche Eingriffe in den Markt, über industriepolitische Sünden.

Vertrauen versus Zweifel

Widerstand aus der Bevölkerung? Praktisch nicht vorhanden. In Japans Harmoniegesellschaft existiert ein grundlegend anderes Verhältnis zwischen Bürgern und Staat. Menschen vertrauen entweder den Entscheidungen der Politik oder sie ergeben sich ihrer Machtlosigkeit. Was in diesem Fall zutrifft, ist schwer zu belegen. Dieser Kontrast zum deutschen Selbstverständnis könnte aber kaum deutlicher sein.

In Deutschland hingegen glauben die Menschen weder der Politik, noch ergeben sie sich ihrer Machtlosigkeit. Sie klagen, protestieren, blockieren und haben dafür gute Gründe. Die demokratische Kultur des Einspruchs ist ein hohes Gut. Dennoch muss man fragen: Hat sie uns nicht auch in einen Zustand der Unbeweglichkeit geführt, in dem selbst existenziell wichtige Projekte nicht mehr vorankommen?

Von Japan lernen heißt: weiterdenken

Es geht dabei nicht um blinde Nachahmung. Das japanische Modell hat seine Schattenseiten, seine problematischen Aspekte von Konformität und Konfliktunterdrückung. Was wir aber von Japan vielleicht mitnehmen können, ist die Bereitschaft, über den nächsten Quartalsbericht hinauszudenken und technologische Souveränität als existenzielle Frage zu begreifen.

Es geht nicht um Technik. Es geht um Haltung

Was mich an der japanischen Initiative so fasziniert, ist aber nicht nur die Technologie. Es ist vor allem die Haltung, die dahintersteht. Die Japaner fragen nicht: „Was passiert, wenn es schiefgeht?" Sie fragen: „Was passiert, wenn wir es nicht versuchen?"

Der Blick nach innen

Und das ist die Frage, die wir uns in Deutschland viel zu selten stellen. Was passiert, wenn wir es nicht versuchen? Was passiert, wenn wir weiter nur verwalten, statt zu gestalten? Was passiert, wenn wir den Anschluss verlieren an jene Technologien, die die Welt von morgen prägen werden?

Als Sohn eines Einwanderers kenne ich das: Man muss manchmal alles hinter sich lassen, um etwas Neues aufzubauen. Man muss bereit sein, das Unbekannte zu wagen, das Risiko des Neuanfangs.

Was bleibt: die Frage nach unserer eigenen Kraft

Die Frage, die mich beschäftigt, ist nicht, ob Japan mit seiner Halbleiter-Offensive Erfolg haben wird. Die Frage ist, ob wir in Deutschland überhaupt noch zu solchen nationalen Kraftanstrengungen fähig sind. Ob wir noch den Willen und die Einigkeit aufbringen können, uns neu zu erfinden.

Die Japaner nennen ihren Nationalmikrochip *„Hinomaru Handotaï"*: *„Halbleiter im Kreis der Sonne"*, benannt nach ihrer Flagge mit der roten Sonne im weißen Feld.

Welchen Namen würden wir Deutschen unserem Aufbruch geben?

Vielleicht sollten wir darüber nachdenken. Denn Namen sind Programm. Und Programme sind der erste Schritt zur Veränderung.

„It's Tea Time!"

Wir jagen unentwegt neuen Schlagwörtern hinterher, suchen fieberhaft nach dem „next big thing" und übersehen dabei, dass das, was uns wirklich fehlt, nicht neu ist: sondern uralt. Die japanische Teezeremonie *chadō* zeigt uns, worauf es wirklich ankommt.

Mir ist klar: Die Prinzipien der Teezeremonie passen nicht in unser modernes Business-Denken. Sie widersprechen der Idee, dass schneller immer besser ist, dass Wachstum um jeden Preis erstrebenswert sei und dass Effizienz bedeutet, menschliche Begegnungen zu eliminieren. Aber genau deshalb lohnt es sich, darüber zu sprechen.

Die Teemeister würden unser manisches Streben nach Effizienz betrachten und eine einfache Frage stellen: Effizienz wofür? Wenn das Ergebnis ein Produkt ist, das niemand wirklich braucht, eine Unternehmenskultur, die Menschen ausbrennt, oder ein Geschäftsmodell, das mehr nimmt als es gibt, was haben wir dann wirklich optimiert?

Das wahre Problem mit Ihrem Unternehmen

Ihr Unternehmen hat kein Technologieproblem. Es hat kein Innovationsproblem. Es hat ein Problem, im Hier und Jetzt zu sein. Die „Move Fast and Break Things"-Mentalität hat uns genau das gebracht: Kaputte Aufmerksamkeitsspannen. Kaputte Versprechen. Kaputte Kulturen. Die japanische Teezeremonie konfrontiert uns mit vier Prinzipien, mit vier Wahrheiten, die das moderne Business nicht hören will:

Wa (Harmonie)	Die Realität? Ihr Unternehmen ist ein Kriegsgebiet. Marketing bekämpft Produktion. Vertrieb verachtet Service. Ihre „One Company"-Initiative? Eine PowerPoint-Lüge.
Sei (Reinheit)	Die Realität? Ihre „Mission" ist kontaminiert mit Quartalszwängen und Ego-Projekten. Jede „Kundenorientierung" zerbricht beim ersten Konflikt mit dem Profit.
Kei (Respekt)	Die Realität? Sie respektieren nur, was sich rechnet. Menschen sind „Humankapital". Aufmerksamkeit ist „monetarisierbar". Kunden sind „Conversion-Opportunities".
Jaku (Stille)	Die Realität? Stille macht Sie nervös. Kein Wunder. In der Stille müssten Sie sich eingestehen, dass Ihr hektisches Treiben meist nur Ablenkung von den eigentlichen Fragen ist.

Der Einzigartigkeits-Imperativ

Und dann: *Ichi-go Ichi-e.* Jede Begegnung ist einmalig. Unwiederholbar. Dieses Konzept der Teezeremonie lehrt uns, dass jede Interaktion einzigartig und unwiederholbar ist. Im Business-Kontext bedeutet das: Jede Kundeninteraktion, jedes Meeting, jede Entscheidung verdient volle Präsenz. Wer das vergisst, wird austauschbar. Und austauschbar bedeutet ersetzbar. Durch KI, durch Wettbewerber, durch das nächste kurzlebige Geschäftsmodell.

Business heute? Meetings, in denen keiner zuhört. Strategien, die keiner mitträgt. Innovation, die keiner braucht. Wer wirklich etwas bewegen will, braucht keine neue App. Er braucht weniger Lärm. Mehr Stille. Weniger Eile. Mehr Tee.

Die eigentliche Innovation
Die Teezeremonie ist keine esoterische Spielerei, sondern ein direkter Aufruf an Unternehmen, endlich wach zu werden und aus dem Hamsterrad des hektischen Nichts auszusteigen. Wer nicht innehalten kann, verpasst die Zukunft. Denn Geschwindigkeit ohne Bedeutung ist nur elegante Verschwendung. Was nützt es, schneller am falschen Ziel anzukommen?

Und genau das feiern wir heute als Fortschritt: Alle predigen die digitale Transformation. Doch was wir wirklich brauchen, ist ein tieferer Wandel. Von der Oberflächlichkeit zur Substanz. Von der Hektik zur Präsenz. Von der Skalierung zur Bedeutung. Ihre Wettbewerber investieren Millionen in KI. Sie könnten in Menschlichkeit investieren. Sie denken, das klingt naiv? Genau deshalb haben Sie ein Problem.

Die Botschaft der Teezeremonie ist eindeutig: Das wertvollste Asset im Business ist nicht Geschwindigkeit, sondern Bedeutung. Während Sie auf die nächste große Disruption warten, veraltet Ihr menschliches Potenzial ungenutzt. Aber hey, wenigstens haben Sie eine großartige Digital-Strategie. Trinken Sie Ihren Tee. Die Zeit läuft.

Omotenashi: Die Rückkehr des Service

Wir haben Service zur Ware gemacht. Zur kalkulierten Geste. Zum Verhalten, das man trainieren kann wie ein Hund, der bei „Bitte" Männchen macht. Wir leben in einer eigenartigen Zeit. Einerseits reden alle von Kundenorientierung, andererseits erleben wir täglich, wie wenig davon tatsächlich umgesetzt wird. Warum? Weil echte Kundenorientierung anstrengend ist. Sie kostet etwas. Sie erfordert, dass wir uns selbst zurücknehmen.

Doch dann kommt *omotenashi* (表無し – *omote*: das Sichtbare, *nashi*: nicht vorhanden) und sprengt die Bühne. *Omotenashi* fragt nicht: Was will der Kunde? *Omotenashi* fragt: Was braucht der Mensch?

Das ist kein semantisches Spiel. Das ist eine Grundsatzentscheidung. Denn *omotenashi* interessiert sich nicht für Click-Through-Rates oder Return on Experience. Es interessiert sich für Würde. Für Intuition. Für Begegnung. Und das macht es, im besten Sinne, geschäftsfeindlich. Nicht feindlich gegenüber dem Kunden. Nicht feindlich gegenüber der Wirkung. Sondern gegenüber dem System, das uns eingeredet hat: Nur was messbar ist, ist wertvoll. Nur was skaliert, ist relevant. Nur was sich rechnet, verdient unser Zutun.

Omotenashi ignoriert das. Es macht seinen eigenen Plan. Es flüstert, wo andere schreien. Es wirkt, wo andere beeindrucken wollen.

Die Mutprobe
In Japan leben sie etwas, was wir im Westen hartnäckig ignorieren: Wahre Kundenbindung entsteht nicht durch Rabattprogramme oder Treuepunkte. Sie entstehen durch Momente, in denen jemand sagt: „Ich sehe dich. Ich verstehe dich. Und ich bin bereit, einen Schritt weiterzugehen, ohne etwas dafür zu erwarten."

Klingt das naiv? Zu idealistisch für die harte Geschäftswelt? Vielleicht ist genau das der Grund, warum so viele Unternehmen austauschbar geworden sind.

Ohne Hintergedanken Geben
Unsere westliche Welt hat eine Obsession: Gegenleistung. Wenn du etwas bekommst, musst du etwas geben. Zeit. Geld. Aufmerksamkeit. Eine Bewertung auf Google. Wir haben aus Beziehungen Gleichungen gemacht. Aber *omotenashi* rechnet nicht. *Omotenashi* erwartet nichts. *Omotenashi* schenkt.

Und hier beginnt der Schmerz. Denn das bedeutet: Du musst dich verletzlich machen. Du musst geben, ohne zu wissen, ob du zurückbekommst. Du musst handeln, ohne Kalkül. Wie oft tun wir das noch? Im Business? Im Leben?

Das Paradox: Was sich nicht skalieren lässt, wirkt am tiefsten
Für unsere Obsession alles zu standardisieren ist *omotenashi* ein Affront. Es ist individuell. Kontextabhängig. Menschlich. Und damit: nicht replizierbar. Das macht es unbequem für Manager. Für Consultants. Für Excel. Aber es macht es unvergesslich für Kunden. Für Gäste. Für Menschen.

Der Irrtum der Effizienz
Wir haben uns selbst eingeredet, dass Effizienz der heilige Gral des Geschäftslebens ist. Minimaler Input, maximaler Output. Ist dem so?

Was, wenn die wertvollsten Geschäftsbeziehungen genau durch das entstehen würden, was sich nicht optimieren lässt: Durch Momente echter menschlicher Verbindung, die verschwenderisch erscheinen mögen, aber tiefe Loyalität schaffen?

> *Omotenashi* lehrt uns den Mut zur Verschwendung. Zeit, die scheinbar nicht optimal genutzt wird, aber Verbindungen schafft, die kein Algorithmus je erreichen kann.

Business ohne Maske
Niemand zwingt Sie, *omotenashi* zu praktizieren. Die meisten werden es nicht tun. Es ist einfacher, sich hinter Prozessen zu verstecken, als echte Verbindungen zu schaffen. Einfacher, einen Chatbot einzusetzen, als zuzuhören. Einfacher, zu standardisieren, als zu personalisieren. Und genau deshalb ist es so wertvoll, wenn Sie es tun. Und ja: *Omotenashi* kostet. Es kostet Zeit, Kontrolle und Ihre bequemen KPI-Welten. Aber was Sie dafür bekommen, ist unbezahlbar.

Der erste Schritt
Beginnen Sie mit einer einfachen Frage: „Was wäre, wenn ich in diesem Moment nichts von meinem Gegenüber erwarten würde und trotzdem alles geben würde?" Diese Frage, so fundamental anders als das übliche „Was habe ich davon?", hat die Kraft, alles zu verändern.

Es geht nicht darum, perfekt zu sein. Es geht darum, präsent zu sein. Nicht um großartige Gesten, sondern um aufmerksame Kleinigkeiten.

Und wenn omotenashi gar kein Businesskonzept ist?
Sondern ein Spiegel. Einer, der uns zeigt, wie sehr wir verlernt haben zu geben. Wie oft wir Menschen durch Prozesse ersetzen. Wie selten handeln wir noch einfach, weil es richtig ist, nicht weil es sich rechnet? Vielleicht brauchen wir keine neue Strategie. Vielleicht brauchen wir einfach nur eine neue Haltung.

Die universelle Sprache des Geschäfts: Eine Lektion aus Tokio 1964

Tokio, 1964: Die Olympischen Spiele stehen bevor. Ein Designerteam steht vor einer gewaltigen Aufgabe: Wie kommuniziert man mit Menschen aus aller Welt? Ohne Worte? Ihre Antwort: Piktogramme (International Olympic Committee 2019). Sie schufen visuelle Klarheit, weil es keine gemeinsame Sprache gab. Ein kommunikatives Problem, damals wie heute. Nur: Heute reden wir alle dieselbe Sprache. Und verstehen uns trotzdem nicht.

Wir stehen wieder vor derselben Herausforderung und begegnen ihr mit Floskeln, Folien und Meetings, in denen Klarheit oft verloren geht.

Also, was hindert uns, Geschäftskommunikation so klar zu gestalten wie ein olympisches Piktogramm? Jedes überflüssige Wort gestrichen. Jeder Gedanke auf seinen Kern reduziert.

Diese Piktogramme funktionieren noch heute, sechs Jahrzehnte später.

Trotz aller Innovationen sprechen diese klaren Symbole über alle Grenzen hinweg. Nicht weil sie neu waren. Sondern weil sie verständlich waren.

Natürlich kann nicht jede komplexe Geschäftsidee auf ein Symbol reduziert werden. Aber die Frage bleibt: Was ist der Kern Ihrer Botschaft? Was würde bleiben, wenn Sie nur ein Bild hätten? Ihre Strategie könnte so klar sein wie ein Piktogramm. Ihre Meetings so fokussiert. Ihre Kultur so erkennbar. Oder sie bleibt ein Labyrinth aus Worten, in dem sich alle verirren.

Was bliebe von Ihrer Botschaft, wenn Sie keine Worte zur Verfügung hätten? Wenn die Antwort ‚nichts' ist, streichen Sie weiter.

Die Frage, die alles veränderte

Die entscheidenden Fragen unseres Lebens tauchen oft unerwartet auf. Was möchtest du werden, wenn du groß bist? Willst du mich heiraten? Für mich war es: „Wollen wir zu einer Teezeremonie gehen?" Diese Frage hat alles verändert. Ich hatte nie verstanden, warum jemand eine mehrstündige Zeremonie für etwas brauchte, das ich morgens in drei Minuten erledige.

Weg des Tee
In Japan heißt die Teezeremonie *chadō*, der Weg des Tees. Jede Bewegung ist Absicht. Jede Geste ein Ausdruck von Respekt. Stunden der Vorbereitung für Momente der Harmonie. Und dann verstand ich: Der Tee ist nur der Anlass. Es geht um den Moment.

Das Alltägliche behandeln, als wäre es einmalig.
Man sagt, ein Teemeister übt über 10.000 Stunden, um eine einzige Bewegung zu perfektionieren. Nicht, um perfekt zu sein. Sondern im Moment zu sein. Voller Hingabe. Für den Gast. Weil die Art, wie wir etwas tun, alles verändert. Nicht nur in der Teezeremonie.

Mehr als das Minimum
Ein Bekleidungsgeschäft, das Änderungen kostenfrei anbietet. Ein Restaurant, das sich an deinen Lieblingsplatz erinnert. Ein Berater, der auch nach Projektende nachfragt.

Diese unerwarteten Gesten der Aufmerksamkeit, das ist der Weg des Tees in der Geschäftswelt. Kleine Momente der Sorgfalt, die weit über das Notwendige hinausgehen.

Unsichtbare Qualität
Der Teemeister verwendet Stunden, um den Raum vorzubereiten. Jede Blume, jede Wassertemperatur, jede Position, nichts ist zufällig.

> Außergewöhnlicher Service zeigt sich nicht immer auf den ersten Blick. Doch das Fehlen davon spüren Ihre Kunden sofort.

Wer zu Burger King geht, erwartet keine Stoffservietten. Wer bei Amazon Hilfe sucht, keine Telefonnummer. Das Minimum zu liefern ist kein Erfolgsrezept. Es ist lediglich die Eintrittskarte. Wahre Größe zeigt sich in der Bereitschaft, einen Schritt weiterzugehen als nötig. Nicht mit Versprechen, sondern mit Momenten echter Fürsorge.

Ihre Teezeremonie im Alltag
Wie sieht Ihre Teezeremonie aus? Welche kleinen, unerwarteten Momente könnten Ihren Kunden zeigen, dass Sie mehr sehen als nur die Transaktion? Fragen Sie sich noch heute: Wo liefere ich nur das Minimum? Und wo schaffe ich ein Erlebnis, das in Erinnerung bleibt? Der Unterschied mag subtil sein. Die Wirkung ist es nicht. Nicht für Wachstum um jeden Preis. Sondern weil es das Richtige ist. Wie bei einer japanischen Teezeremonie.

Nemawashi – Die Kunst, leise zu führen

Meine amerikanischen Kollegen waren wütend. Frustriert. Fassungslos. Und ich stand dazwischen. Während meiner Zeit als Expat bei T-Systems USA beobachtete ich, wie meine amerikanischen Kollegen am Fujitsu-Projekt verzweifelten. T-Systems USA und Fujitsu Japan. Ein gemeinsames Projekt. Eigentlich ein Meilenstein. Aber die Amerikaner schüttelten nur die Köpfe. Nichts ging voran. Kein grünes Licht, keine klare Entscheidung aus Japan. Wochenlang. Ich versuchte zu erklären: „Das ist *nemawashi*. Ein Konsensprozess, der –". „Wir brauchen Ergebnisse, keine japanischen Vokabeln," unterbrach mich der Projektleiter.

Der große Konsens

Nemawashi ist der japanische Weg, Entscheidungen vorzubereiten, bevor sie gefällt werden.

> *Nemawashi* (根回し), wörtlich ‚die Wurzeln vorbereiten', ist das japanische Prinzip, erst alle Betroffenen einzubinden, bevor eine Entscheidung offiziell wird.

Keine Präsentation, kein Vorstandsbeschluss, kein „Pitch" im westlichen Sinne. Stattdessen: Gespräche im Hintergrund. Einzelne Treffen mit Beteiligten. Frühzeitige Einbindung der Entscheidungsträger. Fragen stellen. Zuhören. Raum geben. Ängste ernst nehmen.

Es ist eine Praxis des leisen Konsenses, bevor überhaupt ein Vorschlag offiziell wird. Wer *nemawashi* ignoriert, erlebt japanische Meetings wie eine Wand aus höflichem Schweigen. Wer es versteht, merkt: Die eigentliche Entscheidung ist längst gefallen, nur eben vor dem Meeting.

Es geht nicht um endlose Diskussionen. Es geht um gemeinsame Vorbereitung. Diese vermeintliche Langsamkeit ist kein Zeichen von Schwäche. Sie ist das Zeichen eines anderen Verständnisses von Verantwortung. Von Tiefe. Von Sorgfalt. Denn in Japan gilt: Was nicht vorbereitet ist, sollte nicht entschieden werden. Und Vorbereitung heißt: Alle hören, alle einbeziehen, alle mitnehmen. Keine Bühne. Kein Drama. Keine plötzlichen Überraschungen.

Für Außenstehende wirkt das oft wie Stillstand. In Wahrheit ist es Bewegung unter der Oberfläche. Wie bei einem Bambus.

Der Bambus-Effekt

Denn in den ersten Jahren nach der Aussaat passiert oberirdisch nichts. Die Pflanze investiert alle Energie in ein unsichtbares Wurzelsystem. Dann plötzlich, Wachstumsexplosion. Bis zu einem Meter pro Tag. *Nemawashi* folgt demselben Prinzip: Das Wurzelwachstum des Projekts.

Der blinde Fleck
Und wir? Wir messen die falschen Dinge. Wir huldigen der Effizienz und ignorieren dabei die größte Ineffizienz: Den Widerstand nach der Entscheidung. Wir feiern den mutigen CEO, der schnelle Entscheidungen trifft, notfalls gegen Widerstand. Die Idee: Wir klären das später. Hauptsache: Go! Doch das „später" kommt nie.

Statt Umsetzung folgt Reibung. Statt Commitment folgt Blockade. Statt Wirkung, Verzettelung. Nicht, weil die Idee schlecht war. Nicht, weil die Leute faul waren. Sondern weil keiner gefragt wurde. Die Entscheidung wurde getroffen. Aber nicht abgestimmt. Sie wurde gemailt. Nicht geteilt. Verkündet. Nicht verankert. Ein „Go", das wie ein „Nein" klingt. Weil es niemand mitträgt.

Der wahre Maßstab
Wir glauben, Geschwindigkeit sei ein Zeichen von Klarheit. Als ob eine schnelle Entscheidung automatisch eine gute sei. Als ob zügiges Handeln automatisch mit Durchblick zu tun habe.

Tempo wird überschätzt. Meistens ist es nur Ungeduld, die sich wichtig macht. Wir verwechseln Richtung mit Verbindung. Wir zeigen auf ein Ziel und wundern uns, dass niemand losläuft. Denn nur weil die Richtung klar ist, heißt das nicht, dass sich jemand auf den Weg machen will. Und dann wundern wir uns. Warum niemand wirklich mitzieht. Warum aus großen Plänen kleine Kompromisse werden. Warum alles, was auf dem Papier glatt klang, in der Praxis auseinanderfällt.

Vielleicht liegt das Problem gar nicht in der Entscheidung selbst. Sondern in den Momenten davor. In der Stille, die wir nicht aushalten. Im Gespräch, das wir überspringen. Im Zuhören, das wir für Zeitverschwendung halten.

Wir übergehen die Saat und wundern uns, warum unsere Pflanzen umfallen. Es wäre aber falsch zu sagen, wir hätten im Westen gar kein Gespür dafür. Auch wir kennen Formen der stillen Vorbereitung.

Das westliche nemawashi

Ich habe es in meiner beruflichen Karriere selbst erlebt: Wie gute Führungskräfte bereits eine Form von *nemawashi* praktizieren. Wir nennen es nur anders. „Stakeholder-Management", „Alignment schaffen", „Vorarbeit leisten". All das sind unsere Begriffe für dieselbe grundlegende Erkenntnis: Menschen folgen Menschen, wenn sie Teil der Reise waren, nicht nur Befehlsempfänger sind. Der Unterschied: In Japan ist dieser Prozess kulturell verankert und systematisch. Bei uns bleibt er oft dem Geschick und Talent einzelner Führungskräfte überlassen.

Nemawashi ist das, was uns fehlt

Nemawashi heißt: Ich frage dich, bevor ich entscheide, weil ich weiß, dass du Teil der Entscheidung bist, auch wenn du nicht oben im Organigramm stehst. Es ist das Gespräch vor dem Beschluss. Die Abstimmung, bevor jemand „zustimmt". Die leise, systematische Arbeit an Beziehung, Kontext, Vertrauen. Es passiert nicht auf der Bühne. Nicht im All-hands-Call. Nicht im letzten Slide des Strategiedecks. Es passiert im Zwischenraum. In Einzelgesprächen. In Begegnungen ohne Agenda. In Rückfragen, die nicht nur rational, sondern auch menschlich gemeint sind.

Ja, das ist langsam. Ja, das ist unbequem. Es braucht Geduld. Nähe. Kontextsensibilität. Und nein, es ist nicht heldenhaft. Kein Leader-of-the-Year-Moment. Kein viraler LinkedIn-Post. Kein Buzzword-Gewitter. Aber es funktioniert. Nicht sofort. Nicht spektakulär. Aber dafür mit Tiefe, mit Tragfähigkeit und am Ende schneller, als man denkt. Weil es Widerstände löst, bevor sie entstehen. Weil es nicht zwingt, sondern einlädt. Weil es Menschen nicht überrollt, sondern einbindet.

Und vielleicht ist das heute die radikalste Form von Führung: Nicht schneller zu entscheiden, sondern tiefer zu fragen, bevor man entscheidet.

Die ehrlichen Fragen

Fragen Sie sich ehrlich: Wie viele Stunden verbringen Sie damit, Widerstände zu überwinden, die längst beschlossene Sache nachträglich zu verkaufen oder zu erklären, warum ein Projekt schon wieder hinter dem Zeitplan liegt?

Die simple Konsequenz
Entweder Sie investieren Zeit vor der Entscheidung. Oder Sie investieren mehr Zeit nach der Entscheidung. Es gibt keinen Ausweg aus dieser Gleichung. Nur die Illusion, man könne sie umgehen.

Der mutige Vorschlag
Was wäre, wenn Ihr nächstes Projekt nicht mit einer Entscheidung beginnen würde, sondern mit fünf vorbereitenden Gesprächen? Nicht um japanisch zu sein. Sondern um kraftvoll wie Bambus zu wachsen.

> Die wahre Geschwindigkeit zeigt sich nicht in der Schnelligkeit des Ja-Sagens. Sondern in der Kraft des gemeinsamen Handelns danach.

Denken Sie darüber nach.

Conclusion

Die Betrachtung von Vertrauen und Verbindlichkeit als Grundpfeiler erfolgreicher Geschäftsbeziehungen eröffnet eine tiefere Dimension wirtschaftlichen Handelns. Was wir aus der japanischen Geschäftskultur mitnehmen können, ist die Erkenntnis, dass langfristiger Erfolg auf gelebten Werten und menschlicher Verbindung basiert. Diese Prinzipien finden ihre Fortsetzung in der Art und Weise, wie Qualität entsteht. Nicht durch oberflächliche Effizienz, sondern durch tiefgreifende Sorgfalt. Im folgenden Kapitel betrachten wir, wie sich diese Haltung in der Detailorientierung manifestiert und welche Lektionen deutsche Effizienzkultur aus japanischer Präzision und Hingabe ziehen kann.

Literatur

AP News (02. Oktober 2024). *Japanese sponsors Toyota, Bridgestone and Panasonic end Olympic contracts.* https://apnews.com/article/ioc-sponsors-toyota-bridgestone-panasonic-olympics-3d47737847d3d211165697e57233146b. Zugegriffen: 25.April 2024

BBC (2015, 14. August). *The many ways to say sorry in Japanese.* https://www.bbc.co.uk/news/world-asia-33901966. Zugegriffen: 18. April 2025

Ebert, N. (2024, 30. Oktober). *„Fällt VW unter 85 Euro, könnten alle Dämme brechen!".* Wallstreet Online. https://www.wallstreet-online.de/nachricht/18647391-42-gewinn-q3-faellt-vw-85-euro-daemme-brechen. Zugegriffen: 8. April 2025

Europäische Kommission (2025). *Infineon-Halbleiterwerk in Dresden: Kommission genehmigt deutsche Beihilfe von 920 Millionen Euro für neue Megafabrik.* https://germany.representation.ec.europa.eu/news/infineon-halbleiterwerk-dresden-kommission-genehmigt-deutsche-beihilfe-von-920-millionen-euro-fur-2025-02-20_de. Zugegriffen: 19. April 2025

Forbes (29.März 2024). *Toyota To Sever Olympic Sponsorship, Not Happy With Way Money Used.* https://www.forbes.com/sites/peterlyon/2024/05/29/toyota-set-to-sever-olympic-sponsorship-not-happy-with-way-money-used/

Gartner (o. D.a). *B2B Buying: How Top CSOs and CMOs Optimize the Journey.* https://www.gartner.com/en/sales/insights/b2b-buying-journey. Zugegriffen: 9. April 2025

Gartner (o. D.b). *Future of Sales: Strategien fuer die digitale Sales-Transformation.* https://www.gartner.de/de/sales/trends/die-zukunft-des-vertriebs. Zugegriffen: 9. April 2025

Haase, J. (2018, 16. Mai). *Zuggegesellschaft entschuldigt sich wegen verfrühter Abfahrt.* Welt. https://www.welt.de/kmpkt/article176370212/Japan-Zuggesellschaft-entschuldigt-sich-wegen-25-Sekunden-verfruehter-Abfahrt.html. Zugegriffen: 18. April 2025

International Olympic Committee (2019). *The Olympic pictograms, a long and fasctinating story.* https://www.olympics.com/ioc/news/the-olympic-pictograms-a-long-and-fascinating-story. Zugegriffen: 2. Mai 2025

Kölling, M. (2024, 28. Juni). *Wie Japan wieder zu einer Halbleitergroßmacht werden will.* Handelsblatt. https://www.handelsblatt.com/technik/it-internet/chipindustrie-japan-will-mit-rapidus-wieder-zur-chipgrossmacht-werden/100044295.html. Zugegriffen: 18. April 2025

Luzerner Zeitung (2015, 15. Oktober). *MANAGER: Anatomie der Entschuldigung.* https://www.luzernerzeitung.ch/wirtschaft/manager-anatomie-der-entschuldigung-ld.86516. Zugegriffen: 18. April 2025

NHK World Japan (2025, 31. Maerz). *Japan to give extra $5.4 bil. to chipmaker Rapidus.* https://www3.nhk.or.jp/nhkworld/en/news/20250331_B6/. Zugegriffen: 19. April 2025

Official Site of Kazuo Inamori (o. D.). *Philosophy.* https://global.kyocera.com/inamori/about/thinker/philosophy/main01.html. Zugegriffen: 8. April 2025

Okamoto, M. (o. D.). *What is BUSHIDO? Loyalty, Honor, Respect, Courage, Honesty, Righteousness.* Kimono Tea Ceremony MAIKOYA. https://mai-ko.com/travel/japanese-history/samurai/bushido-the-code-of-samurai/. Zugegriffen: 8. April 2025

Reuters (2024a, 6. Februar). *Hybrid-Boom treibt Toyota an – Gewinnziel angehoben.* Onvista. https://www.onvista.de/news/2024/02-06-toyota-hebt-nach-gewinnsprung-im-quartal-die-jahresprognose-an-0-20-26235243. Zugegriffen: 9. April 2025

Reuters (2024b, 1. Oktober). *Japan's Bridgestone halts Olympics sponsorship, joining Toyota, Panasonic.* https://www.reuters.com/sports/olympics/japans-bridgestone-halts-olympics-sponsorship-joining-toyota-panasonic-2024-10-01/. Zugegriffen: 8. April 2025

Studiosus (2024, 17. Oktober). https://www.studiosus.com/magazin/japans-reinheitskult-putzen-als-lebensphilosophie/. Zugegriffen: 11. April 2025

Servoz, E. (2024). *Dumb question: Why do Japanese listed companies end their fiscal year in March?* Market Screener. https://www.marketscreener.com/news/latest/Dumb-question-Why-do-Japanese-listed-companies-end-their-fiscal-year-in-March-47819135/. Zugegriffen: 11. April 2025

Tagesschau (2024, 16.September). *Divers und größtenteils unpolitisch.* Serie "Shogun" bricht Rekord bei Emmy-Preisverleihung | tagesschau.de. Zugegriffen: 26. April 2025

Van Rooijen, J. (2017, 13. Oktober). *Das Management-Handbuch des reichsten Mannes in Japan.* Bellvue NZZ. https://bellevue.nzz.ch/mode-beauty/tadashi-yanais-fuehrungsprinzipien-das-management-handbuch-des-reichsten-mannes-in-japan-ld.1321713. Zugegriffen: 8. April 2025

ZDF (2024, 2. Oktober). *Nächster japanischer Großkonzern steigt aus.* https://www.zdf.de/nachrichten/sport/olympische-spiele-ioc-sponsoren-ausstieg-bridgestone-100.html. Zugegriffen: 8. April 2025

Exzellenz im Detail: Was deutsche Effizienz von japanischer Sorgfalt lernen kann

Einleitung

In diesem Kapitel werden wir in die vielfältigen Facetten der japanischen Geschäfts- und Arbeitswelt eintauchen und erkunden, wie diese kulturellen Besonderheiten nicht nur die japanische Wirtschaft geprägt haben, sondern auch wertvolle Impulse für unsere eigenen Unternehmen und Arbeitskulturen bieten könnten. Folgen Sie mir auf dieser Reise durch verschiedene Manifestationen von *monozukuri*, vom siebenminütigen Reinigungswunder der Shinkansen-Züge bis zur tiefgreifenden Frage, ob echte Exzellenz überhaupt skalierbar sein kann.

Monozukuri: Die japanische Kunst des Erschaffens

Als ich vor einigen Jahren meinen japanischen Bruder nach dem Erfolgsgeheimnis der beständigen Qualität japanischer Produkte fragte, kam seine Antwort ohne Zögern: „*monozukuri*". Dann schwieg er. Ich wartete auf eine Erklärung, doch er nickte nur, als wäre alles Wesentliche gesagt. Erst später begann ich zu verstehen, was in diesem einen Wort alles enthalten ist. Es gibt Begriffe, die man nicht übersetzen kann, ohne ihnen ihre Seele zu nehmen. *Monozukuri* ist solch ein Wort. Denn es ist mehr als nur ein Wort. Es ist eine Philosophie. Eine Haltung. Ein Weg.

> Wörtlich bedeutet es „Dinge machen", doch diese nüchterne Übersetzung wird dem tiefen kulturellen Gehalt nicht gerecht. *Monozukuri* ist eine Lebenshaltung, eine Philosophie des Erschaffens, die tief in der japanischen Gesellschaft verankert ist.

Warum sollten wir uns überhaupt mit diesem Konzept beschäftigen? Weil es funktioniert und weil es den Schlüssel zum Verständnis einer Wirtschaftsmacht liefert, die trotz dreißigjähriger wirtschaftlicher Stagnation in bestimmten Nischenmärkten weltweit dominiert.

Es liegt eine gewisse Ironie darin, dass ausgerechnet die Qualitäten, die oft als „typisch japanisch" und damit als traditionell oder gar rückständig abgetan werden, wie kollektive Arbeitsweise und gemeinsame Werte, sich als entscheidende Wettbewerbsvorteile in hoch spezialisierten Technologiebereichen erweisen. Ein typischer Fehler, den wir im Westen oft begehen, ist *monozukuri* lediglich als Qualitätsmanagement zu betrachten. Doch das greift zu kurz und missversteht seine Essenz völlig. In japanischen Unternehmen ist *monozukuri* eine Geisteshaltung, die das kollektive Bewusstsein prägt. Vom CEO bis zum Fließbandarbeiter. Verstärkt durch den Zen-Buddhismus mit seiner Achtsamkeit und die Shinto-Tradition mit ihrer Ehrfurcht vor dem Material, existiert diese Haltung meist im Verborgenen, ohne groß ausgesprochen zu werden.

Kaihara

Betrachten wir Kaihara, einen Denim-Hersteller, der traditionelle Kasuri-Färbetechniken mit modernster Technologie verbindet. Kaihara produziert etwa die Hälfte des gesamten japanischen Denims und exportiert in über 30 Länder und Regionen weltweit (Draper Fabrics 2024; Japan Denim o. C.; Marer 2023). Was Kaihara ausmacht, ist jedoch nicht nur seine Marktposition, sondern die Hingabe zu einem traditionellen Handwerk, die tief in der Philosophie von *monozukuri* verwurzelt ist.

Dieses Streben ist kein Selbstzweck. Es hat Japan ermöglicht, in zahlreichen Komponenten- und Materialsektoren beeindruckende Weltmarktanteile zu erreichen. Japans Stärke liegt nicht in der Massenproduktion, sondern in den unsichtbaren Innovationen. Viele technologische Alltagsprodukte tragen ein westliches Label oder Made in China, doch im Inneren arbeitet oft japanische Präzision.

Die Produktion in japanischen Unternehmen basiert auf einem Prinzip, das weit über reine Arbeitsteilung hinausgeht: räumliche Nähe gilt als Grundvoraussetzung. Ein deutlicher Kontrast zu westlichen Home-Office-Tendenzen. Diese Arbeitsweise fügt sich nahtlos in Japans kulturelle DNA ein, wo sich zentrale Werte wie Respekt und Harmonie in den Geschäftsabläufen manifestieren, ohne dass sie ständig verbalisiert werden müssten. Daraus entsteht eine Teamdynamik auf Augenhöhe, die gerade bei High-Tech-Produkten entscheidend ist; schon kleinste Abweichungen können ganze Chargen unbrauchbar machen.

Vielleicht waren wir im Westen zu vorschnell, als wir glaubten, Produktion sei ein notwendiges Übel, das man besser in Niedriglohnländer auslagert. Vielleicht haben wir vergessen, dass eine Gesellschaft, die nicht mehr selbst produziert, irgendwann auch die Fähigkeit verliert, zu innovieren. Vielleicht ist es an der Zeit, sich darauf zu besinnen, dass Werte wie Kontinuität, Gemeinschaft und handwerkliche Exzellenz zeitlos sind und in jeder wirtschaftlichen Ära ihren Platz haben.

Diese Werte könnten sich gerade in der aktuellen weltwirtschaftlichen Lage als besonders wertvoll erweisen. Während Handelskonflikte und geopolitische Unsicherheiten Nationen weltweit zwingen, ihre Fertigungsstrategien neu zu erfinden, könnte Japan seine Widerstandsfähigkeit bewahren, indem es schlicht an seinen bewährten Stärken festhält.

Wie würde sich Ihr Unternehmen verändern, wenn der Fokus nicht auf schneller Markteinführung, sondern auf der Schaffung von etwas wirklich Bedeutsamem läge? Was würde passieren, wenn nicht kurzfristiger Gewinn, sondern langfristige Meisterschaft das Ziel wäre? Wie würden Sie handeln, wenn Sie Ihre Produkte mit derselben Ehrfurcht behandeln würden wie ein heiliges Ritual? Nicht was wir herstellen, definiert uns, sondern wie wir es tun. Mit einer Hingabe, die keine Maschine je nachahmen kann.

Das 7-Minuten-Wunder: Die Effizienz der Wahrnehmung

Haben Sie sich jemals gefragt, ob echte Effizienz nicht vielleicht außerhalb der Welt endloser Kennzahlen und verstärkter Kontrollen zu finden ist? Die Geschichte des „Seven Minute Miracle" berichtet von der Leistung des Shinkansen-Reinigungsteams, das den Schnellzug in nur sieben Minuten makellos für die nächste Fahrt vorbereitet (Clegg 2014; Yabe et al. 2021). Sie wirft genau die Frage auf mit der alles begann und gibt darauf eine überraschende Antwort.

Reinigungsberufe stehen selten auf der Wunschliste potenzieller Arbeitnehmer. Viele Arbeitgeber sehen sich daher mit einer eher niedrigen Arbeitsmoral und mäßiger Leistung konfrontiert. Die Lösung? Das „Shinkansen-Theater"! Ein radikaler Ansatz, der die Reinigungskräfte mit echter Anerkennung sichtbar macht.

Sobald der Zug im Bahnhof einfährt, steht das Team bereit. In synchronisierten Bewegungen steigen sie ein, wischen, drehen, richten, kontrollieren, als wäre es eine Choreografie. Binnen sieben Minuten ist alles bereit. Jeder Handgriff sitzt. Jeder weiß, was zu tun ist.

Vom Hintergrund ins Rampenlicht, von der Routine zur Bedeutung: Dieser Ansatz rückt eine oft übersehene Tätigkeit ins Zentrum der Aufmerksamkeit. Das Publikum, Passagiere wie Kolleginnen und Kollegen, erkennt plötzlich, wie wichtig diese Arbeit ist. Diese bewusste Aufwertung löste nicht nur Stolz und Engagement bei den Mitarbeitenden aus, sondern veränderte auch die Wahrnehmung ihrer Rolle im Gesamtbetrieb und führte ganz nebenbei zu einer spürbaren Steigerung der Arbeitsmoral. Was würde in Ihrem Team passieren, wenn Sie bislang „unsichtbare" Arbeit ins Licht rücken würden?

Das eigentliche Wunder liegt in der Erkenntnis, dass wahre Effizienz nicht durch Kontrolle entsteht, sondern durch Vertrauen, Würdigung und das bewusste Stärken der Menschen vor Ort.

Es ist an der Zeit, unsere Sicht auf Arbeit zu verändern. Wenn wir ein Klima der Wertschätzung und Verantwortung schaffen, kommen Leistung und Zufriedenheit fast wie von selbst. Die Frage ist nicht, wie wir die Effizienz steigern, sondern wie wir Würde schaffen.

Kodawari oder Skalierung?

Wann haben wir angefangen, uns mit „gut genug" zufrieden zu geben? Wann haben wir „Ist es abrechenbar?" zur wichtigsten Frage in einer Kundenbeziehung gemacht? Im Dauersprint um Marktanteile scheinen wir den Bezug zu dem verloren zu haben, was wirklich dauerhafte Verbindungen und Erfolg schafft: *Kodawari*. Sie wissen nicht, was *kodawari* bedeutet?

> *Kodawari* steht für eine tiefe Hingabe. Jeder Arbeitsschritt ist geprägt von Detailorientierung und dem Streben nach Exzellenz. Das zeichnet den Sushi-Meister aus, den penibel gepflegten Zen-Garten und den Ramen-Shop um die Ecke im Familienbesitz. Dasselbe Ethos untermauert aber auch den weltweiten Erfolg von Giganten wie Toyota, dessen berühmtes Produktionssystem nicht nur auf Prozessen, sondern vor allem auf Haltung, einem Selbstverständnis für Spitzenleistungen beruht (Abschn. Die stille Kunst des Alltäglichen).

Was ist also passiert, dass wir unser Streben nach Marktanteilen dem Bemühen nach Perfektion unterworfen haben? *Kodawari* stellt dieses Paradigma in Frage und fordert uns auf, Erfolg neu zu definieren, und zwar nicht dadurch, wie schnell wir wachsen oder wie viel wir abrechnen können, sondern durch die Qualität und Nachhaltigkeit unseres Wachstums.

Alleine die kulinarischen Errungenschaften Tokios, das sich mit mehr Michelin-Sternen als Paris rühmen kann, und die operative Vormachtstellung von Toyota erinnern uns daran, dass sich Spitzenleistungen und Skalierbarkeit nicht gegenseitig ausschließen. Vielmehr ergänzen sie sich, wenn man sie mit *kodawari* angeht. Diese Philosophie stellt uns nicht vor die Wahl zwischen Wachstum und Qualität, sondern zeigt uns, wie wir beides miteinander verbinden können, um ein Vermächtnis zu schaffen, das von einem unermüdlichen Engagement für die Besten geprägt ist.

Ersetzen Sie „Ist es skalierbar?" durch „Wie können wir mit Exzellenz skalieren?". Wechseln Sie von „gut genug" zu „Wie kann es außergewöhnlich sein?". Und tauschen Sie „Ist es abrechenbar?" zu „Schafft es Vertrauen?" aus.

Es ist überfällig, Skalierung neu zu definieren: von „mehr" zu „besser". Exzellenz muss unser Standard sein, Vertrauen wird zur Währung, Integrität zu unserem Kompass. Lassen Sie uns den Weg für eine Zukunft ebnen, in der Exzellenz nicht nur unser Ziel, sondern Teil unseres Selbstverständnisses ist.

Qualität und Einfachheit: Die unerwarteten Zutaten für Innovation

Wundern Sie sich wirklich noch? In Zeiten, die von Innovation getrieben werden, behaupten sich die italienische und die japanische Küche nicht nur, sie setzen Maßstäbe. In mehreren internationalen Umfragen und Studien belegen sowohl die italienische als auch die japanische Küche konsistent die Spitzenpositionen. Während die italienische Küche oft als die beliebteste weltweit eingestuft wird, folgt die japanische Küche meist dicht dahinter (TasteAtlas 2023).

Ihr Geheimnis? Eine perfekte Balance aus Tradition und Moderne, eine Kunst, die viele von uns vernachlässigen. Wahre Innovation entsteht genau an diesem Schnittpunkt: Wo bewährte Qualität auf mutige Anpassungsfähigkeit trifft.

> Was können wir also von der italienischen und japanischen Küche lernen? Dass wahre Anpassungsfähigkeit nicht bedeutet, seine Identität über Bord zu werfen. Im Gegenteil, es geht darum, seine Kernwerte zu bewahren, während man offen für das Neue bleibt. In unserer Besessenheit das nächste große Ding zu finden, ist eine Brücke zwischen dem Bewährten und dem Notwendigen oft das was fehlt. Nicht der radikale Bruch, sondern die Synthese.

Diese Küchen haben sich über Jahrhunderte entwickelt. Nicht, indem sie stur an ihren Traditionen festhielten, sondern indem sie sich mutig anpassten, an neue Zutaten, neue Technologien und sich ändernde Geschmäcker. Doch der Clou liegt darin, dass sie sich angepasst haben, ohne ihre Seele zu verlieren. Ein Mix aus Tradition und Moderne, der in der heutigen schnelllebigen Welt selten geworden ist.

Die Qualität der Grundzutaten und die Einfachheit der Zubereitung bilden das unerschütterliche Fundament dieser Küchen. Auf dieser Basis können sie experimentieren und sich weiterentwickeln, ohne ihre Identität zu verlieren. Diese unverrückbaren Prinzipien sind nicht verhandelbar, sie sind vielmehr die Voraussetzung für erfolgreiche Anpassung und Innovation.

Unternehmen wie Apple folgen diesem Prinzip seit Jahrzehnten: Kompromisslose Qualität und Fokus auf Einfachheit als Basis, während sie kontinuierlich neue Märkte erschließen. Anpassungsfähigkeit ist kein bloßer Trend. Es ist eine überlebenswichtige Fähigkeit, die kultiviert, geübt und meisterhaft einzusetzen ist. Wie die kulinarischen Meister Italiens und Japans müssen wir lernen, mit den Zutaten, die das Leben uns bietet, kreativ umzugehen und daraus etwas Außergewöhnliches zu kreieren. Denn letztendlich ist es die Fähigkeit zur Anpassung, die über Erfolg oder Misserfolg entscheidet. In der Küche wie im Beruf, wie im Leben. Diese Küchen sind lebende Beweise dafür, dass die wahre Meisterschaft darin liegt, sich zu wandeln, ohne sich selbst zu verlieren.

Warum Japan Weihnachten liebt, aber Ostern ignoriert?

In Japan ist Heiligabend ein Date-Abend, kein Familienessen und definitiv kein Kirchgang.

Stattdessen säumen romantische Restaurants die Straßen, verschämte Singles verstecken sich zu Hause, und vor Kentucky Fried Chicken (KFC) bilden sich lange Schlangen voller Menschen, die ihr vorbestelltes Weihnachtsmenü abholen.

Warum diese seltsame kulturelle Adoption westlicher Traditionen?

Ostern findet in Japan praktisch nicht statt, weil das jährlich wandernde Datum keine Marketing-Beständigkeit erlaubt und der religiöse Hintergrund keinen kulturellen Anknüpfungspunkt bietet. Halloween hingegen punktet mit klarer Symbolik, festen Ritualen und vor allem: Spaß. Ohne religiöse Tiefe, aber mit hohem Event-Charakter.

Weihnachten dagegen wurde perfekt umgedeutet und transformiert sich in Japan zum ultimativen Super-Valentinstag am 24. Dezember, mit ausgebuchten Restaurants, festlicher Beleuchtung und romantischen Geschenken anstelle von Familienpräsenten.

Die Umkehrung im japanischen Festkalender ist bemerkenswert: Während wir im Westen Weihnachten mit der Familie feiern und Silvester mit Freunden, macht Japan genau das Gegenteil. Weihnachten wurde zum romantischen Date-Night-Event, während Neujahr sein traditioneller Status als wichtigstes Familienfest des Jahres mit Tempelbesuchen und besonderen Speisen erhalten blieb.

Eine einfache, aber oft übersehene Erkenntnis: Kulturelle Adaption funktioniert nie als reine Kopie, sondern immer als kreative Neuinterpretation mit lokalem Verständnis.

KFC hat diese Lektion früh verstanden. 1974 besuchte ein westlicher Kunde an Weihnachten ein KFC-Restaurant, weil er nirgends den traditionellen Festtagstruthahn finden konnte (Globis Insights 2023). Der findige Filialmanager Takeshi Okawara erkannte sofort: Hier klafft eine Lücke im Weihnachtsmarkt. Ein spontaner Kompromiss, der funktionierte, weil er Bekanntes mit Neuem verband. Eine Marketing-Kampagne wurde geboren. Heute warten viele Japaner stundenlang für ihr vorbestelltes Weihnachts-Hähnchen. Das ist mehr als Fast Food. Das ist ein etablierte Weihnachtsritual, das sich fest im Alltag verankert hat.

Dieser einfache Perspektivwechsel mit zwei elementaren Fragen, von „Was verkaufen wir?" zu „Welche Sehnsucht erfüllen wir?", macht den Unterschied zwischen einem banalen Exportversuch und einer markanten internationalen Erfolgsgeschichte.

Und das Verblüffende ist: Fast niemand stellt sich die zweite Frage.

M. Okada

Das japanische Service-Paradox

Betreten Sie eine beliebige U-Bahn-Station in Tokio. Oder gehen Sie an einer Baustelle in Japan vorbei. Sie werden etwas bemerken, das uns im Westen fremd geworden ist. Da stehen Menschen in leuchtenden Westen, die Sie höflich und sicher um die Baustelle herumführen. An den U-Bahn-Stationen finden Sie Stationspersonal.

Echte Menschen. Sie helfen bei der Wegfindung, unterstützen ältere Menschen, nehmen sich Zeit für Verwirrte. Wie mich beispielsweise. Sie sind nicht dort, weil ein paar Absperrgitter, automatische Türen oder Touchscreen-Infoschalter es nicht auch tun würden. Sie sind dort, weil menschliche Verbindung zählt. Weil Sicherheit und Orientierung ein Gesicht brauchen. Ein Lächeln. Eine helfende Hand.

Westliche Wirtschaftsschulen würden das als ineffizient bezeichnen. Übertrieben. Unnötig. Ist es das wirklich? Oder haben wir verlernt, den wahren Wert menschlicher Interaktion zu bemessen?

In Japan ist Service kein Mittel zum Zweck. Es geht um etwas Tieferes: Eine Kultur, die in der japanischen Teezeremonie ihre Wurzeln hat. Jede Geste zählt. Der Gastgeber ist präsent. Dienend. So wie der Stationsvorsteher, der sich vor dem abfahrenden Zug verbeugt.

> **Beispiel**
>
> Ich habe es gerade wieder bei meinem letzten Besuch in Tokio erleben dürfen: Eine Cafébesitzerin brachte mir meinen Kaffee mit beiden Händen, verbeugte sich leicht und bedankte sich für meinen Besuch. Kein berateroptimierter Service, keine KPI-getriebene Strategie, nur echte Aufmerksamkeit. Und genau das bleibt im Gedächtnis.

Während wir überall Touchscreens installieren, macht Japan aus jedem Serviceakt eine Teezeremonie. Selbst dort, wo es „ineffizient" erscheint. Nicht dass japanische Unternehmen sich nicht um Gewinne kümmern. Das tun sie durchaus. Aber sie haben etwas Wesentliches erkannt: Echte Begegnungen schaffen Vertrauen. Vertrauen schafft Loyalität. Und Loyalität bringt Unternehmen hervor, die Generationen überdauern, nicht nur Quartale.

ChatGPT ersetzt Kundenservice-Jobs. Automatisierung wird als ultimative Lösung gepriesen. Doch Japans beharrliches Festhalten am menschlichen Service erinnert uns an etwas Wichtiges: Manchmal liegt der größte Gewinn darin, nicht jeden Moment in Geld aufzuwiegen. Statt uns zu wundern, warum Japan am persönlichen Service festhält, sollten wir uns lieber fragen, was wir durch unsere Effizienzoptimierung bereits verloren haben.

Das Paradox ist nicht Japan. Das Paradox sind wir! Wir glauben, dass Effizienz mehr wert ist als Menschlichkeit. Japan erinnert uns daran, dass es genau umgekehrt sein könnte.

144   M. Okada

Wer kauft sich unserer Zukunft?

Es gibt Momente, die zunächst theatralisch erscheinen und sich später als historische Wegmarken erweisen. Als ich die Bilder von Masayoshi Son, Gründer und CEO des japanischen Technologie-Investors Softbank, sah, der in Tokio mit einer Kristallkugel auf die Bühne trat, dachte ich zunächst an eine überzogene PR-Inszenierung (SoftBank News 2025). Doch manchmal braucht es solche Bilder, um größere Zusammenhänge zu verstehen. Seine Zahlen sprechen eine eindeutige Sprache: 3 Mrd. jährlich für ein Joint Venture mit OpenAI. 25 Mrd. geplantes Investment in OpenAI selbst (Nussey 2025).

Was hier passiert, ist keine Tech-Geschichte. Es ist eine Geschichte über Macht. Über die Frage, wer in Zukunft bestimmt, wie wir denken, arbeiten, leben. Ja, Deutschland hat großartige Unis. Brillante Köpfe. Innovative Start-ups. Schön. Aber während wir uns selbst auf die Schulter klopfen für unsere Exzellenz, kaufen sich andere die Macht über die Algorithmen der Zukunft.

Ausgerechnet aus Japan, dem Land der perfekten Hardware, das jahrzehntelang die Software-Revolution verschlief, kommt jetzt mit SoftBank ein Akteur, der zeigt, was Disruption wirklich bedeutet. Nicht durch bessere Ideen, sondern durch schiere Finanzkraft.

Beeindruckend? Ja. Aber auch beunruhigend. Denn je mehr Macht durch Kapital entsteht, desto weniger zählt, wer recht hat und umso mehr wer zahlen kann.

Wollen wir in einer Welt leben, in der die Kontrolle über künstliche Intelligenz vom Kontostand abhängt? In der ein paar Milliardäre bestimmen, wie unsere digitale Infrastruktur aussieht? Es geht längst nicht mehr um Technologie. Es geht um Demokratie. Um Teilhabe. Um Gerechtigkeit. Und damit steht etwas Grundsätzliches auf dem Spiel: Wenn die Gestaltung unserer Zukunft allein von der Finanzkraft weniger Akteure abhängt, was bedeutet das für unsere demokratische Ordnung?

Die stille Revolution auf dem stillen Örtchen

Der Moment der Irritation: Zurück in Deutschland sitze ich auf der Toilette und taste unwillkürlich nach einer Fernbedienung, die es nicht gibt. Keine Wärmefunktion. Kein sanftes Wassergeräusch. Nur Stille und Einfachheit. Ich bin überrascht. Nicht über die fehlende Technologie, sondern über meine Erkenntnis, dass gerade in der Gestaltung des Alltäglichen sichtbar wird, was einer Kultur wirklich wichtig ist. In Japan gibt es ein Wort für diese bewusste Auseinandersetzung mit dem Alltäglichen: *kufū* (工夫).

> **Was ist *kufū*?**
>
> *kufū* ist tief in der japanischen Geschichte verwurzelt. Entstanden aus der Notwendigkeit, mit begrenzten Ressourcen auf den schmalen Inseln kreativ umzugehen, entwickelte sich diese Denkweise über Jahrhunderte. Wörtlich übersetzt bedeutet *kufū* „Einfallsreichtum" oder „Erfindungsgeist". Es bezeichnet eine kreative Problemlösung, die auf neue Perspektiven statt auf neue Ressourcen setzt. Aber *kufū* steht für mehr. *Kufū* ist eine Haltung. Eine, die sich im Kleinsten zeigt, im Alltäglichen und genau darin ihre stille Kraft entfaltet. Und wo könnte sich Haltung besser beweisen als in den banalsten Momenten unseres Lebens, auf der Toilette?

TOTO: Die Toilette als Denkrevolution

Die japanische Firma TOTO Corporation stellte sich in den 1980er-Jahren nicht die Frage, wie man Toiletten effizienter, billiger oder standardisierter produzieren kann. Sondern: Muss es so sein, wie es immer war? Die Antwort war keine Funktion. Es war eine Entscheidung: Denn Komfort ist kein Luxus. Sondern Respekt. Beheizte Sitze. Warmwasserreinigung. Musik. Duft. Stille. Ein Ort, der sich nicht wie ein Produkt anfühlt, sondern wie eine Geste. Viele lachten darüber. Einige staunten. Und heute? Mehr als 80 % der japanischen Haushalte besitzen ein WASHLET® (t00aleta 2022), meist vom japanischen Hersteller TOTO, dem Erfinder, der aus einem funktionalen Bedürfnis, einen Ort der Würde und Kontemplation machte. Der Name, gebildet aus ‚wash' und ‚toilet', ist längst Symbol für Japans stillen Hygienestandard.

Exzellenz im Detail: Was deutsche Effizienz von japanischer ...

Klingt übertrieben? Vielleicht. Bis man es ausprobiert hat. Dann wirkt alles andere geradezu barbarisch. TOTO fragte sich nicht, wie man eine Sitzgelegenheit verbessert. Sie fragten sich, wie wir uns beim Sitzen verhalten. Und verwandelten damit eine hygienische Notwendigkeit in eine Erfahrung von Würde. Diese Art zu denken, verändert alles. Und genau deshalb ist sie so mächtig. Nicht besser. Anders.

Was macht *kufū* so besonders?
Kufū bricht mit der Kaizen-Philosophie. Es ist radikaler. Während *kaizen* das Bestehende verfeinert, stellt *kufū* das Bestehende in Frage. *Kaizen* will verbessern. *Kufū* will verstehen. *Kaizen* fokussiert sich auf Prozesse. *Kufū* auf Perspektiven. *Kaizen* löst Probleme. *Kufū* hinterfragt, ob es überhaupt Probleme sind. Wenn *Kaizen* fragt: Wie machen wir es besserfragt *kufū*: Warum machen wir das überhaupt so? *Kaizen* ist systematisch, me-

thodisch, planbar. *Kufū* ist intuitiv, spontan, überraschend. Es ist der Moment, in dem jemand sagt: Moment mal. Was wäre, wenn wir das ganz anders betrachten?

Kufū braucht keine Planung. Es liebt das Überraschende. Es entsteht im Moment, situativ. *Kufū* ist die spontane Idee, die sofort umgesetzt wird. Nicht morgen, nicht nächste Woche, sondern jetzt. *Kaizen* optimiert Prozesse. *Kufū* gestaltet Momente. *Kaizen* misst Resultate. *Kufū* erzeugt Gefühl. Beides gut, beides wertvoll. Aber nicht dasselbe. *Kufū* ist die Kunst, ein Problem zu lösen, indem man die Perspektive verändert, die Frage neu stellt oder sich überhaupt erst traut, eine Frage zu stellen, wo andere längst mit Antworten beschäftigt sind.

Kufū im Innovationsspektrum

Design Thinking fragt: Was braucht der Nutzer? *Kufū* fragt: Was haben wir in der Betrachtung des Nutzers übersehen? Frugale Innovation fragt: Wie machen wir es günstiger und einfacher? *Kufū* fragt: Wie machen wir es sinnvoller und würdevoller? Disruption fragt: Wie ersetzen wir das Bestehende durch etwas völlig Neues? *Kufū* fragt: Wie entdecken wir im Bestehenden etwas, das wir noch nie gesehen haben? Andere Innovationsansätze wollen verändern, was wir tun. *Kufū* verändert, wie wir sehen. Und diese theoretischen Unterschiede werden im Alltag besonders sichtbar.

Kufū im Alltag

Kufū versteckt sich nicht in Büchern oder Präsentationen. Es lebt. Überall: Auch in einem Furoshiki-Tuch, dem traditionellen japanischen Stoff, der durch geschicktes Falten zur Tasche, zur Geschenkverpackung oder zum Proviantbeutel wird. Keine Plastiktüte. Keine Wegwerfverpackung. Sondern ein Prinzip: Ein Stoff. Hundert Möglichkeiten.

Im Service eines Hotels, das Ihnen einen Adapter bereitlegt, bevor Sie überhaupt gefragt haben. Nicht, weil es luxuriös ist, sondern weil es vorausschauend denkt. Weil es Ihre Reise durch Ihre Augen betrachtet. Oder in einer winzigen Geste: Der Kellner, der bemerkt, dass Sie Linkshänder sind und das Besteck still auf die andere Seite legt. Ohne Aufsehen. Ohne Aufwand. Aber mit Wirkung.

Kufū wirkt nicht laut. Nicht spektakulär. Sondern leise und genau. Es begegnet Ihnen nicht als Funktion, sondern als Geste.

Die Kraft der neuen Frage
Was mich an diesen Beispielen fasziniert, ist die darin liegende Überwindung klassischen Denkmuster des „Entweder-Oder": Es ist nicht Funktion oder Schönheit, nicht Effizienz oder Achtsamkeit, nicht Tradition oder Innovation, es ist die Synthese dieser vermeintlichen Gegensätze. *Kufū* beginnt mit der Weigerung, falsche Alternativen zu akzeptieren. Ein einzelner Mensch mit *Kufū*-Haltung schaut auf dasselbe Problem und sieht plötzlich eine völlig neue Möglichkeit.

Die Grenzen von kufū
Aber natürlich: Jede Medaille hat zwei Seiten. Jedes Werkzeug seine Grenzen. Auch *kufū*. Nicht jedes Problem lässt sich mit einer cleveren Anpassung lösen. Manchmal braucht es größere Veränderungen. Radikalere Lösungen. Manchmal ist *kufū* nur ein Trostpflaster, eine Ausrede, um die wirklich großen Fragen zu meiden. Das Risiko liegt darin, sich mit kleinen Ideen zufrieden zu geben, obwohl eigentlich ein tieferer Wandel nötig wäre.

Kufū ist am stärksten, wenn es kein Ersatz für Denken ist, sondern dessen Erweiterung. Es lädt uns ein, kreativ zu sein, aber nicht bequem. Achtsam, aber nicht ausweichend.

Ein Ausblick: Kufū im Westen?
Ich frage mich: Wie würde eine westliche Kultur des *kufū* aussehen? Eine Kultur, die nicht nur nach dem Neuen sucht, sondern das Selbstverständliche mit anderen Augen sieht. Die sich traut, die falschen Fragen zu erkennen. Und neue zu stellen. Die die Würde des Alltäglichen ernst nimmt.

Wir haben Effizienz perfektioniert. Produktivität maximiert. Prozesse optimiert. Aber haben wir genug hinterfragt? Haben wir die Courage, das Selbstverständliche in Frage zu stellen? Nicht um alles zu verändern, sondern um bewusst zu entscheiden, was wir behalten wollen.

Wahre Innovation ist nicht das ewige Neue. Sie ist die mutige Frage nach dem Sinn des Bestehenden. Die Bereitschaft, das Offensichtliche nicht als gegeben hinzunehmen. Die Fähigkeit, in den kleinsten Details die größten Möglichkeiten zu sehen. Ich sitze auf meiner deutschen Toilette und denke darüber nach. Vielleicht beginnt Ihre nächste Innovation nicht im Labor oder in der Chefetage. Vielleicht beginnt sie dort, wo sie am wenigsten erwartet wird. Vielleicht sogar auf der Toilette.

Die Kunst der kontinuierlichen Erneuerung im Zeitalter der KI

Fast jeder Unternehmensberater hat *kaizen* im Portfolio. Fast keiner versteht, was es wirklich bedeutet. Toyota machte den Begriff weltberühmt. Der Westen machte daraus eine Methode. Ein System. Eine Checkliste für Effizienz. Was dabei verloren ging: *kaizen*（改善）ist nicht nur eine Technik zur Produktionsoptimierung. Das japanische Wort bedeutet wörtlich Veränderung *(改 – kai)* zum Guten *(善 – zen)*. Ein Konzept, das Wandel nicht um des Wandels willen anstrebt, sondern mit moralischem Kompass.

Die Ironie ist offensichtlich: Wir haben ein Konzept importiert, das die Würde des Menschen in den Mittelpunkt stellt und es in ein Werkzeug verwandelt, das Menschen optimiert, als wären sie Maschinen. Das ist keine Randnotiz. Es ist der Unterschied zwischen einer Philosophie, die den Menschen als Quelle der Erneuerung begreift, und einer Methodik, die ihn als zu optimierenden Faktor behandelt.

Die Würde der Arbeit
Bei Mitsubishi Electric, Honda und Panasonic lebt *kaizen* noch (Henriques 2023). Die Kultur dort? Fehler sind kein Geheimnis. Sie sind ein Lehrplan. Nicht zur Schuldzuweisung. Zur Wissenserweiterung. Sondern um gemeinsam klüger zu werden (Ng o. D.). Dort dient Technologie dem Menschen, nicht umgekehrt. Klingt extrem? Ist es aber nicht. Es ist nur eine vergessene Selbstverständlichkeit.

> Denn *kaizen* war nie nur ein Werkzeug. Es war nie dafür gedacht, Menschen in Produktivitätsdiagramme zu pressen. Es war ein Versprechen: Dass Arbeit mehr sein kann als Abarbeiten. Dass Verbesserung nicht nur Prozesse meint, sondern auch Menschen. Und doch haben wir es reduziert. Reduziert auf eine Checkliste. Auf Kennzahlen. Auf ein Instrument zur Effizienzsteigerung.

Wir haben das Prinzip *kaizen*, das Menschen ermächtigen sollte, in ein System verwandelt, das sie nur noch quantifiziert. Was dabei verloren ging, ist nicht nur Tiefe. Es ist Sinn. Bedeutung. Beteiligung. Denn wenn kontinuierliche Verbesserung zur KPI wird, dann bleibt irgendwann nur noch der Prozess und der Mensch verschwindet im Hintergrund.

Doch *kaizen* erinnert uns an etwas anderes. An etwas, das wir längst wussten und verlernt haben. Es bietet einen radikal anderen Ansatz: Es begreift den Menschen nicht als Fehlerquelle in einem ansonsten reibungslosen System, sondern als Quelle der Erneuerung. Als Orientierung in Zeiten der Mittelmäßigkeit.

Die Tyrannei der Mittelmäßigkeit
In unserem KI-getriebenen Zeitalter wird diese Unterscheidung existenziell. Mittelmäßigkeit wird von der KI ersetzt werden. Nicht weil KI so brillant ist, sondern weil Mittelmäßigkeit so leicht zu replizieren ist. Die gute Nachricht: Mittelmäßigkeit war schon immer eine Wahl. Genau wie

Exzellenz. Die schlechte Nachricht: Der Wettlauf zur Mitte ist vorbei. Unsere Komfortzone namens Mittelmaß ist abgebaut. KI duldet kein Mittelmaß. Und die Zukunft auch nicht.

Während wir über KI-Ethik und die Zukunft der Arbeit debattieren, findet die eigentliche Revolution im Verborgenen statt: Jede Aufgabe, die routinemäßig, vorhersehbar und systematisch erledigt werden kann, wird automatisiert. Nicht irgendwann. Jetzt. Und das ist genau unsere Chance: In dieser neuen Realität bleibt uns nur der Weg nach oben, zur Exzellenz, zur Kreativität, zum Unerwarteten oder der Weg nach unten: zur Bedeutungslosigkeit.

Was bleibt, ist *kaizen*. Und der damit verbundene Mut zum Unvollkommenen. Zum Experiment. Zum menschlichen Fehler, aus dem allein wirkliche Innovation entsteht. Die Bereitschaft, über den gebahnten Pfad hinauszugehen und Neuland zu betreten.

Kaizen als Weg, nicht als Ziel

Das Missverständnis liegt in der Annahme, *kaizen* sei ein Ziel, als ginge es um Perfektion, die man irgendwann erreicht. In Wirklichkeit ist es ein Weg, den man geht. Täglich. Stündlich. Es geht nicht darum, besser zu sein als Algorithmen. Es geht darum, besser zu sein als unser gestriges Selbst.

Die Maschinen werden besser darin, zu berechnen, zu kategorisieren, zu optimieren. Was sie nicht können: Sinn stiften. Werte schaffen. Zweifeln. Lieben. Sich erneuern, ohne dafür programmiert zu werden.

Die wahre Bedeutung von *kaizen* im KI-Zeitalter liegt nicht im Verbessern von Prozessen, sondern im Vertiefen unserer Menschlichkeit. In der Erkenntnis, dass unsere vermeintlichen Schwächen, Emotionalität, Unberechenbarkeit, moralisches Urteilsvermögen, in Wahrheit unsere größten Stärken sind.

Gerade jetzt, wo Algorithmen uns einzuordnen versuchen, ist dies vielleicht die kraftvollste Erkenntnis: Dass wir die Freiheit haben, uns immer wieder neu zu erfinden. Nicht nach vorgegebenen Parametern, sondern nach unseren eigenen Werten. *Kaizen* beginnt nicht in der Fabrikhalle. Sondern in uns. In der Entscheidung, heute besser zu sein als gestern. Und morgen mutiger als heute.

Exzellenz im Detail: Was deutsche Effizienz von japanischer … 153

Chōrei: Die 15-Minuten-Morgen Routine

Jeden Morgen versammeln sich Teams in japanischen Unternehmen. Sie setzen an, wo viele andere scheitern: beim gemeinsamen Start in den Tag. Sie nennen es *chōrei* (朝礼):

> „*chō*" (朝) heißt Morgen, „*rei*" (礼) bedeutet Gruß, im tieferen Sinn: ritueller Ausdruck von Respekt. Zusammen: „Morgenzeremonie". *Chōrei* ist weit mehr als eine Checkliste. Es ist Teil einer Haltung: gemeinsam beginnen, gemeinsam Verantwortung tragen. Ein kollektives Ritual, das jeden Tag aufs Neue beantwortet: Wer sind wir? Wofür stehen wir? Und was zählt heute wirklich? 15 Minuten im Stehen, keine Slides, keine Diskussionen und plötzlich sehen wir, wie unnötig kompliziert unsere „Kommunikationskultur" geworden ist.

Chōrei ist keine revolutionäre Technik. Es ist etwas, das jeder implementieren könnte, aber fast niemand tut es. Warum? Weil wir uns so sehr in Tools, Prozesse und Methoden verliebt haben und dabei das Eigentliche aus dem Blick verloren: Menschen brauchen Richtung. Täglich. Nicht vierteljährlich. Nicht wöchentlich. Täglich.

Hierzulande redet man lieber über Selbstorganisation, über Eigenverantwortung, über Purpose. Man schwärmt vom „Why", lässt aber das „When" und „How" komplett offen. Und hoffen, dass irgendwo zwischen KPI und Jira-Board so etwas wie Zusammenarbeit entsteht. Tut sie nicht.

Der fehlende Anfang
Das, was fehlt, nennt sich Anfang. Der Anfang täglicher Zusammenarbeit. Und Verbindlichkeit.

Chōrei bedeutet, dass Sie jeden Tag aufstehen und vor Ihren Kollegen sagen müssen, was Sie gestern getan haben und heute tun werden. Es bedeutet Verantwortung. Täglich, nicht nur beim Quartalsbericht.

Der kleinste mögliche Schritt
Könnte Ihr Team morgens 15 Minuten im Stehen verbringen? Ohne Laptops, ohne Telefone? Falls nicht, liegt das Problem vielleicht tiefer als in Ihren Kommunikationsprozessen.

Die 15 min, die alles ändern könnten
Geben Sie *chōrei* eine Chance. Ohne große Erwartungen. Einfach als Experiment. Kein großer Rollout. Kein erklärendes Memo. Kein Aufhebens. Einfach tun. 15 Minuten. Jeden Morgen. Drei Fragen:

- Was haben wir gestern erreicht?
- Worauf konzentrieren wir uns heute? Gibt es Hindernisse?

Mehr braucht es nicht. Kein langes Nachdenken. Kein Perfektionismus. Einfach anfangen.

Der Chōrei-Test
Natürlich ist *chōrei* kein Allheilmittel. Für remote Teams braucht es Anpassungen. Für manche Mitarbeiter ist das tägliche ‚Bekenntnis' zunächst ungewohnt. Aber der Grundgedanke bleibt: Kein Team kann ohne tägliche Synchronisation funktionieren.

Also, probieren Sie es einen Monat lang: 15 Minuten, jeden Morgen, alle stehen, klare Agenda. Wenn Ihr Team am Ende des Monats nicht besser ausgerichtet ist, wenn die Kommunikation nicht flüssiger läuft, wenn die Energie nicht höher ist, dann hören Sie auf. Ich bin überzeugt: Sie werden es nicht tun.

Das Erstaunliche
Chōrei ist keine esoterische Fernost-Kuriosität. Es ist eine strategische Entscheidung: Jeden Morgen für Klarheit sorgen. Für Richtung. Für Verbindung. Kein Meetingmarathon, keine PowerPoint-Orgie. Nur ein Moment, in dem sich alle versammeln, physisch oder digital, und gemeinsam sagen: „Wir sind hier. Dafür. Heute." Kein Durcheinander. Kein Nebel. Nur Klarheit. Und Richtung. Für 15 Minuten. Jeden Morgen.

Das Geniale an *chōrei* ist, dass es so unspektakulär ist. Es ist keine bahnbrechende Idee. Es ist nur etwas, das funktioniert. Und manchmal ist das alles, was wir brauchen.

Conclusion

In Japan wurzelt die Geschäftsstärke in kultureller Beständigkeit. *Monozukuri, kodawari* und menschenzentrierter Service zeigen: Wer Tradition mit flexibler Anpassung verbindet, entwickelt natürliche Resilienz. Diese Balance zwischen Bewahren und Erneuern prägt auch den japanischen Umgang mit Krisen. Eine Perspektive, die im folgenden Kapitel neue Einblicke in unterschiedliche Krisenreaktionen ermöglicht.

Literatur

Clegg, C. (2014, 29. April). *Shinkansen cleaning crew have just 7 minutes to get train ready.* Japan Today. https://japantoday.com/category/features/lifestyle/shinkansen-cleaning-crew-have-just-7-minutes-to-get-train-ready. Zugegriffen: 8. April 2025

Draper Fabrics (2024). *Kaihara Denim: From No. 1 in Japan to the top manufacturer in the world.* https://drapersfabrics.com/blogs/drapers-diaries/kaihara-denim?srsltid=AfmBOoo_jU-pBK_2Ltfx6tUsZZDoKhG4qk3jVnRgSVR8azZY2rm9YqNA. Zugegriffen: 8. April 2025

Globis Insights (2023, 25. Dezember). *The Marketing Miracle Behind KFC in Japan for Christmas,* https://globisinsights.com/career-skills/strategy/kfc-in-japan-christmas-marketing/. Zugegriffen: 25. April 2025

Henriques, C. (2023). *7 APAC companies that used Kaizen to achieve operational excellence.* PEX Process Excellence Network. https://www.processexcellence-network.com/business-transformation/articles/7-apac-companies-that-used-kaizen-to-achieve-operational-excellence. Zugegriffen: 19. April 2025

Japan Denim (o. D.). *Supplier Kaihara Corporation.* https://www.japandenim.jp/en/supplier/kaihara-corporation/. Zugegriffen: 8. April 2025

Maurer, J. (2023). *Modebranche setzt auf Nachhaltigkeit.* Germany Trade & Invest. https://www.gtai.de/de/trade/japan/branchen/modebranche-setzt-auf-mehr-nachhaltigkeit-960300. Zugegriffen: 8. April 2025

Ng, M. (o. D.). *What is Kaizen? Embracing the continuous improvement philosophy for operational excellence.* Rework. https://resources.rework.com/what-is-kaizen-continuous-improvement. Zugegriffen: 19. April 2025

Nussey, S. (2025, 3. Februar). *SoftBank, OpenAI unveil Japan AI joint venture.* Reuters. https://www.reuters.com/technology/artificial-intelligence/softbank-openai-set-up-ai-japan-joint-venture-2025-02-03/. Zugegriffen: 8. April 2025

SoftBank News (2025). *OpenAI, SoftBank Group Corp. And SoftBank Corp. Unveil Joint Venture to Transform Businesses in Japan.* https://www.softbank.jp/en/sbnews/entry/20250207_01. Zugegriffen: 8. April 2025

TasteAtlas (2023). *TasteAtlas Awards 23/24: These are the 100 Best Cuisines and Dishes oft he World.* https://www.tasteatlas.com/tasteatlas-awards-23-24. Zugegriffen: 8. April 2025

T00aleta (2022). *Toto marks 60 Million washlet models sold worldwide.* https://tooaleta.co.uk/news/default/record-sales-of-toto-washlet-united-kingdom-england.html. Zugegriffen: 18. April 2025

Yabe, T., Bennet, I, & Ditzer, R. (2021). *TESSEI: The '7-Minute-Miracle' – An Insight into the Realisation of the 'Shinkansen Theatre'.* Research Gate. https://www.researchgate.net/publication/355737523_TESSEI_The_'7-Minute_Miracle'_-_An_Insight_into_the_Realisation_of_the_'Shinkansen_Theatre'. Zugegriffen: 8. April 2025

Gelassenheit in der Krise? Resilienz und Wandel aus deutsch-japanischer Perspektive

Einleitung

Die folgenden Beiträge beleuchten verschiedene Aspekte des Krisenumgangs und offenbaren, wie unterschiedliche kulturelle Prägungen nicht nur die Wahrnehmung von Herausforderungen bestimmen, sondern auch die Wege, die wir wählen, um ihnen zu begegnen.

Zwischen japanischen Streikstrategien, Samurai-Führungsprinzipien und dem Phänomen *karōshi* entfaltet sich ein Spannungsfeld östlicher und westlicher Denkansätze. Wir erkunden, wie verschiedene Gesellschaften mit Arbeit, Veränderung und wirtschaftlichen Herausforderungen umgehen. Diese Gegenüberstellung lädt ein, unsere eigenen kulturellen Prägungen zu hinterfragen und zu überdenken, wie wir Konflikte austragen und mit Wandel umgehen.

Der Streik, den keiner spürt (und der, von dem alle sprechen)

Ein Streik, der niemanden bestraft. Folgendes Szenario: Die Busfahrer streiken. Aber die Busse fahren trotzdem. Pünktlich und zuverlässig, die Fahrer in ihren tadellosen Uniformen. Nur eines ist anders: niemand bezahlt.

In Okayama, Japan, ist genau das passiert. Die Busfahrer verdeckten ihre Ticketautomaten mit weißen Tüchern und fuhren ihre Routen wie gewohnt. Die Fahrgäste kamen an ihre Ziele, der Arbeitgeber nicht an seine Einnahmen. Ein Streik, der genau dort trifft, wo es wehtut: bei den Einnahmen des Unternehmens, aber nicht bei den Menschen, die auf öffentliche Verkehrsmittel angewiesen sind.

Das ist brillant. Verglichen mit unseren Arbeitskämpfen wirkt diese Strategie geradezu revolutionär. Stellen wir uns vor, die Lokführergewerkschaft (GDL) oder die Dienstleistungsgewerkschaft Verdi würden es genauso machen. Die Züge führen, die Kitas blieben geöffnet, die Flugzeuge starteten, aber niemand würde zahlen. Die Einnahmen fehlen, der Protest wäre da, aber die Menschen kämen pünktlich zur Arbeit, zum Vorstellungsgespräch, zum Arzttermin.

In Deutschland undenkbar. Hier ist der Streik ein Theater der Härte, eine Inszenierung der Konfrontation. Der Stillstand als Machtdemonstration. Die Unbeteiligten werden zu unwilligen Statisten in einem Stück, das sie weder geschrieben haben noch beeinflussen können. Warum eigentlich?

Japanisches Vorbild: Illusion oder Inspiration?
In Japan hat die Zahl der Streiks seit den 70er-Jahren um 99 % abgenommen: Von 9500 auf gerade einmal 33 im Jahr 2022. In Deutschland waren es 220 (Hollender 2024). Und das, obwohl der gewerkschaftliche Organisationsgrad in beiden Ländern mit etwa 16 % im Mittel vergleichbar ist (Jetro o. D.). Doch das japanische System zeigt auch seine Grenzen. Und wann diese überschritten werden.

Wann Harmonie scheitert: Grenzen des japanischen Modells
Im Sommer 2023 geschah etwas, das Japan seit 61 Jahren nicht gesehen hatte: Mitarbeiter eines Kaufhauses traten in Streik. 900 Angestellte der Kette Sogo & Seibu stellten sich mit Plakaten vor ihr Flagship-Store in Tokio (WirtschaftsWoche 2023). Der Grund: Ein amerikanischer Finanzinvestor namens Fortress wollte die Kette übernehmen. Die Mitarbeiter fürchteten um ihre Jobs, ihre Identität, ihre Zukunft.

Das lässt tief blicken. Die japanische Harmonie basiert auf einem ungeschriebenen Gesellschaftsvertrag: Solange Unternehmen ihre Mitarbeiter beschützen, solange sie Teil derselben kulturellen Familie sind, funktioniert das System ohne offenen Konflikt. Wenn aber ein ausländischer Investor mit anderen Werten einsteigt, wenn die Grundfesten erschüttert werden, dann bricht auch in Japan der Konflikt aus.

Wir sollten uns nicht der Illusion hingeben, dass dieses System einfach übertragbar wäre. Die kulturellen Unterschiede sind enorm. Und doch: Sollten wir nicht zumindest darüber nachdenken, ob es Elemente gibt, die uns inspirieren könnten? Wäre das ein Zeichen von Schwäche? Ganz im Gegenteil. Es ist präzise Wirksamkeit, bis zu dem Punkt, wo fundamentale Werte bedroht sind.

Deutsche Streikkultur auf dem Prüfstand
Wenn deutsche Gewerkschaften streiken, treffen sie oft die Falschen. Die Pendlerin, die ihren wichtigen Termin verpasst. Den Vater, der sein Kind nicht aus der Kita abholen kann. Die Urlauberin, deren Flug storniert wird. Der Kollateralschaden ist das Druckmittel. Aber muss das so sein?

Die Frage ist nicht, ob wir streiken sollten. Die Frage ist, wie wir streiken. Und ob wir dabei jene mit Füßen treten müssen, die mit unserem Arbeitskampf nichts zu tun haben oder ob wir einen Weg finden, den Konflikt dorthin zu tragen, wo er hingehört.

Es ist dieser differenzierte Umgang mit dem Instrument des Streiks, der mich nachdenklich macht. In Japan scheint man eine feinere Abstufung zu kennen: Für alltägliche Konflikte wählt man subtile Formen des Protests, die den Arbeitgeber treffen, aber nicht die Öffentlichkeit. Nur wenn zentrale Interessen bedroht sind, folgt der offene Bruch.

Was können wir daraus lernen?
Ich plädiere nicht dafür, das japanische Modell zu kopieren. Die kulturellen, historischen und wirtschaftlichen Unterschiede sind zu groß. Was ich mir wünsche, ist ein Innehalten, ein Nachdenken über unsere eigene Streikkultur. Könnte es sein, dass wir in Deutschland einen zu hohen Preis zahlen für die Art, wie wir Arbeitskämpfe austragen? Dass die Solidarität der Bevölkerung nicht gestärkt, sondern geschwächt wird, wenn Eltern verzweifelt nach Betreuungsmöglichkeiten suchen oder Reisende am Flughafen stranden? Und könnten wir nicht in Erwägung ziehen, unsere schärfsten Waffen für die wirklich entscheidenden Kämpfe aufzusparen, wie es die Mitarbeiter von Sogo & Seibu taten?

Die Busfahrer von Okayama haben etwas Bemerkenswertes getan: Sie haben den Konflikt dorthin getragen, wo er hingehört, in die Geschäftsbücher des Unternehmens, und nicht zu den Bürgern, die auf ihre Dienstleistung angewiesen sind. Ist ein Arbeitskampf nicht am wirksamsten, wenn er die Richtigen trifft? Das japanische Beispiel zeigt uns, dass wir unterscheiden sollten zwischen alltäglichen Tarifkonflikten und grundlegenden Umbrüchen. Die Busfahrer von Okayama und die Kaufhausangestellten von Tokio haben gezeigt: Es gibt verschiedene Wege, gegen Unrecht aufzubegehren. Mal subtil und subversiv, mal offen und konfrontativ, je nachdem, was auf dem Spiel steht. Es wäre ein Anfang.

Vorbereitung: Die Samurai-Strategie für moderne Führungskräfte

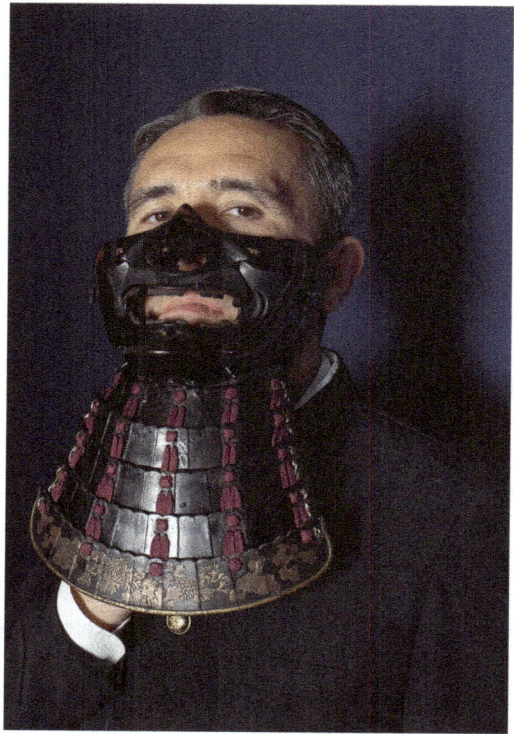

© Samurai Museum Berlin, Foto: C. Tews [Urheberrecht beim Autor]

Stellen Sie sich vor: Sie stehen am Rande eines Schlachtfeldes. Ihr Gegner? Nicht ein Heer mit Rüstungen, sondern etwas weit Gefährlicheres: der unberechenbare Markt, die flüchtige öffentliche Meinung, die ungewisse Zukunft Ihres Unternehmens.

Ein Samurai würde innehalten und alle Eventualitäten durchspielen. Sogar den eigenen Tod. Klingt makaber? Vielleicht. Doch genau diese Praxis war ein zentraler Bestandteil ihrer mentalen Stärke.

> Die Samurai visualisierten ihren Tod nicht aus morbider Obsession, sondern als strategisches Mittel. Sie gewannen dadurch tiefe Einblicke in ihre Schwächen und entwickelten gezielte Vorbereitungen.

Wie übertragen wir diese Strategie ins Hier und Jetzt? Die Vorstellung unserer schlimmsten Befürchtungen, der irreparable Imageschaden, der Konkurrent, der Ihr Produkt kopiert, der Zusammenbruch Ihrer Lieferkette, sind moderne Äquivalente der Samurai-Praxis. Die Visualisierung des eigenen Scheiterns ist kein Pessimismus. Dieser gegenintuitive Ansatz ermöglicht uns, das Schlimmste zu durchdenken, um optimal vorbereitet zu sein. Wenn wir akzeptieren, dass das Schlimmste passieren kann, werden wir paradoxerweise freier und mutiger. Wir lockern den Griff der Angst, der uns sonst lähmen könnte.

> **Strategische Resilienz**
> Toyota bewies dies während der Tsunami-Katastrophe 2011: Das Unternehmen hatte Katastrophenszenarien durchgespielt und konnte seine Lieferkette schneller wiederherstellen als die Konkurrenz (Fujimoto et al. 2019). Was wie Pessimismus erschien, war strategische Weitsicht.

Meditation über den Tod war für die Samurai eine Technik, um im Leben und im Kampf überlegen zu sein. In der Geschäftswelt hilft uns diese Einstellung, einen kühlen Kopf zu bewahren, wenn alles chaotisch erscheint.

Die Samurai akzeptierten den schlimmsten Fall und gewannen dadurch Handlungsfreiheit. Zum Glück müssen wir heute nicht ganz so weit gehen. Aber die Vorbereitung auf Worst-Case-Szenarien hilft uns, strategischer zu handeln. Und keine Sorge, bei uns endet das Schlimmste höchstens mit einem vollen E-Mail-Postfach.

Sind Sie bereit, die Samurai-Strategie in Ihre Führungspraxis zu integrieren? Welches „Schlachtfeld" steht bei Ihnen als nächstes an?

Karōshi: **Tod durch Überarbeitung**

In Japan gibt es einen Begriff, der uns allen zu denken geben sollte: *Karōshi* (過労死). Das Wort setzt sich zusammen aus *karō* (過労) – Überarbeitung, und *shi* (死) – Tod. *Karōshi* bedeutet also wörtlich: Tod durch Überarbeitung. Nicht nur ein Wort, sondern ein gesellschaftliches Phänomen. Wenn Menschen buchstäblich an ihren Schreibtischen zusammenbrechen oder nach 100-Stunden-Wochen einen Herzinfarkt erleiden, spricht Japan unverblümt von *karōshi*. Dieser Begriff existiert, weil er existieren muss.

Während bei uns über Work-Life-Balance diskutiert wird, wird Arbeit in Japan zur Belastungsprobe für Körper und Seele. In Japan verschwimmen sehr oft die Grenzen zwischen produktiver Höchstleistung und selbstzerstörerischer Quälerei, der schmale Grat zwischen gesundem Ehrgeiz und lähmendem Perfektionismus sowie Höchstleistung und Selbstquälerei.

Und Sie? Wie meistern Sie diesen schmalen Grat zwischen Ehrgeiz und Erschöpfung? Wo endet gesundes Streben und wo beginnt Selbstaufgabe? Welche Werte leiten Sie, wenn Leistung und Leben miteinander ringen?

Weniger kann mehr sein. Die Kunst besteht darin, das Wesentliche zu erkennen und zu bewahren. Nicht in der Anhäufung, sondern im bewussten Auswählen. Nicht in der permanenten Erreichbarkeit, sondern in Momenten der Stille.

Der schmale Grat wird nicht durch Tempo gemeistert, sondern durch Achtsamkeit für die eigenen Grenzen. Fragen Sie sich heute nicht, was Sie noch erledigen können. Vielleicht geht es heute nicht darum, was noch getan werden muss. Sondern darum, was nicht mehr getan werden sollte (siehe auch Abschn. Karenztage? Ein Vorschlag, der krank macht).

Karenztage? Ein Vorschlag, der krank macht

Es gibt diese Momente, in denen sich der Zeitgeist in einer einzigen Äußerung kristallisiert. Allianz-Vorstandsvorsitzender Oliver Bäte hat uns einen solchen Moment beschert: Wer krank ist, soll den ersten Tag selbst bezahlen (Tagesschau 2025). Ein Blick nach Japan zeigt, wohin dieser Weg führt: Wer krank ist, nimmt Urlaub. Oder kommt krank zur Arbeit. Oder verliert Geld.

Die Japaner haben sogar ein eigenes Wort für die ultimative Konsequenz dieser Kultur: Karōshi: Tod durch Überarbeitung (siehe auch Abschn. Karōshi: Tod durch Überarbeitung). Ein Begriff, der symptomatisch für eine Arbeitskultur steht, die wir nicht importieren sollten. Ein Begriff, den niemand braucht.

Die Folgen sind messbar: Präsentismus kostet die deutsche Wirtschaft jährlich Milliarden von Euro (Winnat 2016). Menschen verschleppen Krankheiten, stecken Kollegen an, machen Fehler und werden noch kränker. Bemerkenswert, dass ausgerechnet eine Versicherung Vertrauen durch Misstrauen ersetzen will.

Es ist das alte Denken: Eine Führungskultur, die Kennzahlen über Menschen stellt, die Quartalsergebnisse höher bewertet als langfristige Gesundheit, offenbart ein überholtes Führungsverständnis. Am Ende steht die Frage: In welcher Gesellschaft wollen wir leben? In einer, die Krankheit bestraft? Oder in einer, die Gesundheit schützt? Die Antwort darauf wird nicht in Karenztagen zu finden sein.

Die digitale Melancholie: Warum wir vom japanischen Umgang mit dem Ende lernen müssen

Ein altes Kodak-Foto in meiner Hand. Vergilbt, die Ecken abgestoßen. Mein Vater im feinen Ausgehanzug 1965. Kodak war damals die Welt, in der Erinnerungen auf Papier gebannt wurden. Heute ist Kodak ein Relikt, während Fujifilm floriert. Bemerkenswert, wie unterschiedlich die Wege der beiden Unternehmen verliefen, als ihr gemeinsames Kerngeschäft zu erodieren begann. Als die Digitalisierung ab der Jahrtausendwende den globalen Markt für Fotofilme erodierte, standen zwei Konzerne vor identischen Herausforderungen: der amerikanische Gigant Kodak und sein japanischer Konkurrent Fujifilm.

Beide Unternehmen hatten vergleichbare Ausgangslagen, ähnliche Ressourcen und einen nahezu identischen Zeithorizont für die bevorstehende Disruption. Ihre Entwicklungspfade in den folgenden zwei Jahrzehnten könnten nicht unterschiedlicher sein. Heute verdient Fujifilm etwa das Zwanzigfache von Kodak. Diese dramatische Differenz lässt sich nicht mit makroökonomischen Faktoren oder unterschiedlichen Marktbedingungen erklären, sie wurzelt in der Kultur.

Die Melancholie, die rettet

Es ist in diesem Zusammenhang aufschlussreich, den Blick nach Fernost zu wenden. Die japanische Kultur hat ein Konzept entwickelt, das im direkten Widerspruch zu unserem Ewigkeitsdenken steht: *mono no aware* (物の哀れ).

> **Mono no aware (物の哀れ)**
> Die tief empfundene, fast melancholische Schönheit darin, zu wissen, dass alles vergänglich ist. *Mono no aware* ist keine resignative Haltung, kein Fatalismus. Es ist eine Akzeptanz, die paradoxerweise Handlungsfähigkeit erzeugt. Wer die Vergänglichkeit akzeptiert, muss sich nicht in aussichtslosen Kämpfen verzehren. Er kann seine Energie stattdessen auf Transformation und Neuanfang konzentrieren.

In dieser kulturellen Disposition liegt, so meine These, der Schlüssel zum Verständnis des Wunders von Fujifilm. Denn als die analoge Fotografie zu sterben begann, reagierten beide Unternehmen fundamental unterschiedlich. Kodak klammerte sich verzweifelt an sein Selbstbild als

"Fotounternehmen". Fujifilm hingegen praktizierte etwas, das man als unternehmerisches *mono no aware* bezeichnen könnte: Es akzeptierte die Vergänglichkeit seines Kerngeschäfts mit einer fast poetischen Gelassenheit. Und diesen Weg ebnete Fujifilms CEO Shigetaka Komori.

Die stille Revolution des Shigetaka Komori

Als die Digitalisierung kam, hat Fujifilms CEO Shigetaka Komori diese Denkweise angewandt. Er sah das Ende des Films nicht als etwas, gegen das man kämpfen muss. Er sah es als unvermeidlich und als Chance.

Die Frage, die er stellte, war nicht: „Wie retten wir den Film?" Sie lautete: „Welche Firma wollen wir sein?" Diese Frage veränderte alles. Fujifilm entdeckte, dass sein eigentliches Vermögen nicht in einem bestimmten Produkt lag, sondern im technologischen Know-how hinter der Oberfläche. Diese kulturelle Akzeptanz prägte Komoris Entscheidungen direkt: Statt Millionen in das alte Filmgeschäft zu investieren, lenkte er sie bewusst in zukunftsfähige Geschäftsfelder. Eine klare Folge der Bereitschaft, Vergänglichkeit aktiv anzunehmen.

Was mich an dieser Geschichte fasziniert, ist nicht nur der wirtschaftliche Erfolg, sondern die philosophische Dimension. In Komoris Handeln spiegelt sich das japanische Konzept wider, eine Haltung, die Fujifilm einen entscheidenden Vorteil verschaffte: die Fähigkeit, den Untergang des alten Geschäftsmodells nicht als Katastrophe, sondern als natürlichen Prozess zu begreifen und damit den Weg für echte Erneuerung zu öffnen. Und das führt unweigerlich zu der Frage: Warum fällt es uns kulturell so schwer, ähnlich flexibel auf disruptive Veränderungen zu reagieren?

Die deutsche Sehnsucht nach Beständigkeit

Wir Deutschen hingegen sind kulturell auf Beständigkeit geprägt. Unsere Märchen enden mit „und wenn sie nicht gestorben sind, dann leben sie noch heute". Was uns in der deutschen Wirtschaft oft fehlt, ist nicht der Mut zum Aufbruch, sondern der Mut zum Ende. Wir sind brillant darin, Bestehendes zu optimieren, aber zögerlich, Geschäftsmodelle loszulassen, die keine Zukunft mehr haben. Die heimische Wirtschaftsgeschichte ist gepflastert mit den Gräbern einstiger Giganten, die diesen Mut nicht aufbrachten: Grundig, Loewe, Karstadt, um nur einige zu nennen.

> **Beispiel**
>
> Ich stelle mir vor, wie es ausgesehen hätte, wäre Grundig von einem Komori geführt worden. Vielleicht wäre das Unternehmen heute ein führender Anbieter von Smart-Home-Technologien oder von medizinischen Sensoren?
> Ich stelle mir vor, wie ein von dieser japanischen Philosophie inspiriertes Karstadt aussehen könnte. Vielleicht als innovativer Hybrid aus physischem und digitalem Erlebnisraum?
> Ich stelle mir vor, wie ein Loewe seine einzigartige Designkompetenz in völlig neue Produktkategorien hätte übertragen können. Vom Premium-Fernseher zum Gestalter digitaler Oberflächen oder zum Designvorreiter für intelligente Wohnumgebungen.

Die Schönheit der Vergänglichkeit

Die deutsche Wirtschaft steht vor ihrer eigenen Version der Fujifilm-Herausforderung. Die Automobilbranche, die Energieversorger, der Einzelhandel, sie alle müssen nicht nur ihre Produkte überdenken, sondern ihr Selbstverständnis. Ich träume von einem deutschen Wirtschaftsverständnis, das die ingenieurhafte Präzision bewahrt, aber mit der emotionalen Intelligenz des *mono no aware* verbindet. Ein Wirtschaften, das versteht: Das Ende eines Produkts muss nicht das Ende eines Unternehmens sein. Es kann der Beginn von etwas Neuem sein.

Was, wenn BMW eines Tages keine Autos mehr baut, sondern personalisierte Mobilitätserlebnisse gestaltet? Was, wenn RWE keinen Strom mehr erzeugt, sondern Energiesysteme orchestriert? Was, wenn die Deutsche Bank keine Bank mehr ist, sondern ein digitaler Vertrauensdienstleister?

Während ich diese Zeilen schreibe, fallen draußen die Blätter von den Bäumen. Der Herbst ist die Jahreszeit des *mono no aware* par excellence. Eine Zeit der melancholischen Schönheit, des Abschieds, aber auch der Vorbereitung auf Neues. Vielleicht sollten wir Deutschen den Herbst unserer industriellen Ära nicht fürchten, sondern als Chance begreifen, als notwendige Phase in einem größeren Zyklus von Vergehen und Werden.

> Die Kunst liegt nicht darin, den Winter zu verhindern, sondern zu verstehen, dass nach jedem Winter ein Frühling folgt. Nicht in der Vermeidung des Endes, sondern in der Weisheit, im Ende bereits den Neuanfang zu erkennen.

Die Lektion der 111 Pferde

© Samurai Museum Berlin [Urheberrecht beim Autor]

Das Festhalten an überholten Plänen kann schwerwiegende Folgen haben. Im schlimmsten Fall sogar tödliche. Es klingt drastisch, aber das ist es, was 111 japanische Pferde und ihre Besitzer lernen mussten. Bei einem Samurai-Fest in Japan erlitten sie alle einen Sonnenstich; zwei Pferde bezahlten mit ihrem Leben (dpa & afp 2023).

Die Veranstalter waren so tief in ihrer Geschichte gefangen, dass sie den Ausgang nicht mehr fanden. Statt die Tür zu nehmen, liefen sie gegen die Wand. Immer wieder. Weil es ihnen leichter fiel, stur zu sein, als zuzugeben, dass die Geschichte neu geschrieben werden muss. Sie hatten sich so in ihren Plan verliebt, dass sie nicht davon zurücktreten konnten. Selbst als alle Anzeichen klar darauf hindeuteten, dass etwas nicht stimmte. Kommt Ihnen das bekannt vor?

Wir alle kennen diese Spirale. Die anfängliche Begeisterung. Die ersten kleinen Erfolge. Der wachsende Ehrgeiz. Und dann: die Mauer. Die Ergebnisse kommen nicht mehr. Der Fortschritt stockt. Und was machen wir? Wir drücken stärker aufs Gaspedal. Mehr Marketing. Mehr Ausgaben. Mehr Personal. Mehr Schulung. Mehr Anstrengung. Wir nennen es Durchhaltevermögen. Widerstandsfähigkeit. Stärke. Aber manchmal ist es nur blinde Sturheit. Die Samurai-Festveranstalter nannten es vermutlich Tradition. Respekt. Pflicht. Ihre Pferde nannten es (wenn sie könnten) Wahnsinn.

Manchmal ist der mutigste Akt nicht das Durchhalten, sondern das Loslassen. In der Ungewissheit liegt die wahre Prüfung. Der ‚Durchbruch' bleibt ein Versprechen ohne Garantie. Nah oder fern, wir wissen es nicht. Und genau hier entscheidet sich, wer wir wirklich sind.

> **Beispiel**
>
> Howard Schultz hat sich getraut. Und Jeff Bezos auch. Kein Plan B. Nur der Mut, neu zu denken. Aber, und das ist entscheidend, sie haben nicht einfach alte Ideen mit mehr Kraft vorangetrieben. Sie haben umgedacht. Neu gedacht. Anders gedacht.

Der Unterschied zwischen Sturheit und Beharrlichkeit? Sturheit ignoriert Feedback. Beharrlichkeit passt sich an, adaptiert. Die Veranstalter des Samurai-Festes hatten Feedback: leidende Pferde unter sengender Sonne. Sie ignorierten es. Das war keine Beharrlichkeit. Das war Sturheit.

Mut ist: die Richtung zu ändern. Zu sagen: „Dieser Weg funktioniert nicht. Ich wähle einen anderen." Die Lektion der 111 Pferde ist keine über Tradition oder Tierhaltung. Es ist eine Geschichte über uns. Über Führung. Über Ego. Und über die Kunst, rechtzeitig loszulassen, bevor es weh tut.

Die Mauer ist nicht das Problem. Das Problem ist zu glauben, dass es nur diese eine Route gibt. Finde die Tür.

Die unsichtbare Generation: Japans Lehre für eine stille Krise

Als Japans Wirtschaftsblase platzte, wurde eine ganze Generation aus dem gesellschaftlichen Vertrag entlassen. Ohne Vorwarnung. Ohne Plan B. Sie nannten sie die „employment ice age" Generation (*Shūshoku Hyōgaki Sedai*:

就職氷河期世代) (Hori 2019, S. 3). Menschen, die alles richtig gemacht hatten, standen vor verschlossenen Türen. Die Leiter wurde weggezogen, nachdem alle gelernt hatten zu klettern. Die „Verlorene Dekade" zwischen 1993 und 2004: Der Nikkei verlor bis zu 80 % seines Wertes (Guiding Data 2021). Unternehmen stellten kaum noch ein. Das System lebenslanger Beschäftigung zerbrach. Die Zahlen sprechen für sich: Neueinstellungen minus 60 %. Universitätsabsolventen als Zeitarbeiter. „Freeter"[1] statt Festanstellung (Hori 2019, S. 5). Reguläre Jobs, von 80 % auf im Schnitt unter 40 % gefallen. Eine Generation, die nach den Regeln spielte und doch nicht mitspielen durfte (Hori 2019).

---

[1] Das Wort „Freeter" setzt sich aus dem englischen Wort „free" und dem deutschen Wort „arbeiter" zusammen (Japan Experience 2024).

Dies ist keine Geschichte über wirtschaftliche Härten. Es ist eine Geschichte darüber, was passiert, wenn eine Gesellschaft, leise, aber bestimmt, sagt: „Wir haben keinen Platz für dich." Was tust du, wenn du eingeladen wirst, an einem Spiel teilzunehmen, bei dem du nur verlieren kannst? Du verweigerst die Teilnahme. Du steigst aus.

Hikikomori (引きこもり) ist Japans radikalste Antwort auf diese stille Ausgrenzung. Der soziale Rückzug als vollständiger Exit. Nicht aus Protest, sondern aus Erschöpfung.

Über 1,4 Mio. Menschen in Japan leben als Hikikomori (Ziegler 2023). Meist bei ihren Eltern. Finanziell gestützt von der Familie.

Eine stille Übereinkunft des gemeinsamen Rückzugs. Kein Drama. Kein Aufstand. Nur das langsame, systematische Verlassen eines Raums, der keinen Platz bietet.

System oder Symptom?
Die Gesellschaft sieht es als individuelles Versagen. Als Faulheit. Als mangelnde Resilienz. Aber das ist eine bequeme Lüge. Was wir hier sehen, ist kein psychologisches Phänomen, es ist eine systemische Antwort auf systemisches Versagen. Ein sozialer Streik ohne Manifest. Eine Revolution durch Abwesenheit.

Es ist ein stummes Nein. Ein Nein zu einer Welt, in der man keinen Platz hat. Ein Nein zu einer Gesellschaft, die Teilhabe an Leistung knüpft und dann die Möglichkeit zur Leistung verweigert (siehe auch Abschn. Eine simple Tasse Kaffee wischt Ausreden weg).

Generation Z: Die stille Eiszeit
Die „Ice Age Generation" erlebte einen Absturz. Generation Z erlebt etwas Subtileres: die schleichende Erosion der Hoffnung. Ihre Krise kommt nicht mit dem Geräusch zerbrechenden Glases. Sie kommt mit dem Schweigen einer langsam schmelzenden Hoffnung.

Japan 2024: 720.988 Geburten. Historisches Tief (SPIEGEL 2025). Ein Bevölkerungsrückgang von fast 900.000 in einem Jahr (Ziegler 2025). Prognose 2070: 30 % weniger Menschen, 40 % über 65 Jahre (Reich 2024). Dies ist das Echo einer Generation, die still „Nein" sagt zu einer Zukunft ohne Angebot. Deren tiefe Einsamkeit, selbst inmitten digitaler Hypervernetzung, sich in Geburtenraten, Heiratsstatistiken und dem wachsenden Phänomen sozialer Isolation niederschlägt.

Wenn der Westen in den Spiegel blickt
Es wäre bequem, das Ganze als „japanisches Problem" abzutun. Als kulturelles Kuriosum. Als etwas, das „bei uns nicht passieren kann". Aber Einsamkeit kennt keine Landesgrenzen. Sie spricht alle Sprachen. Sie überwindet kulturelle Barrieren. Sie ist die dunkle Kehrseite unserer modernen Lebensweise.

Deutschland entdeckt die Einsamkeit
2023 hat die Bundesregierung das Thema zum ersten Mal angesprochen. Inzwischen steht es fest auf der politischen Agenda. Warum? Weil die Fakten nicht zu übersehen sind. Fast jeder Zweite unter 30 fühlt sich einsam. Bei den 30- bis 50-Jährigen ist es jeder Dritte (AOK 2024). Das ist keine Randnotiz, das ist ein Alarmsignal. Die Pandemie hat nur sichtbar gemacht, was längst im Verborgenen wuchs.

Die Konsequenz?
Es gibt keine App gegen Einsamkeit. Keine schnelle Lösung. Wir brauchen Geduld. Und eine Neudefinition von Wert. Nicht nur wirtschaftliche Produktivität zählt. Menschen fallen nicht aus dem System, weil sie nichts beitragen können, sondern weil das, was sie beitragen können, nicht als Beitrag anerkannt wird.

Die Entscheidung
Japan ist keine Warnung. Es ist eine Einladung genauer hinzusehen. Auf das, was Altern, Arbeit, Gemeinschaft bedeuten könnten, in Zeiten des Wandels und der Veränderung. Denn die Alternative, eine Gesellschaft der stillen Zimmer und unsichtbaren Menschen, ist keine Alternative. Sie ist eine Niederlage, die wir uns nicht leisten können. Nicht ökonomisch, nicht sozial, nicht menschlich.

Die unbeabsichtigte Dynamik

Manchmal ist es das, was nicht passiert, was alles verändert. Die Leere, die durch Abwesenheit entsteht, wird selten zum Vakuum. Sie wird zur Einladung. Zum Möglichkeitsraum. Zum stillen Ruf.

China. Japan. Südkorea. Drei Nationen, deren Geschichte von Konflikten durchzogen ist wie ein altes Tuch von Nähten. Drei Wirtschaftsmächte, deren Beziehungen seit Jahrzehnten von Misstrauen und historischen Wunden geprägt sind. Drei Rivalen, die sich mit Argwohn beäugen.

Und doch geschieht etwas Bemerkenswertes. Während Amerika sich hinter Zollmauern und „America First"-Politik zurückzieht, entsteht in Asien eine neue Dynamik. Nicht langsam. Nicht zögerlich. Sondern mit der Geschwindigkeit, die nur die Notwendigkeit erzeugen kann.

Das trilaterale Handelsabkommen (Ennoson 2025) das jahrelang wie ein vergessenes Schiff auf ruhiger See trieb, hat plötzlich Wind in den Segeln. Es bewegt sich. Es nimmt Fahrt auf.

Die Mathematik der Leere

Was wir hier beobachten, ist keine diplomatische Anomalie. Es ist auch kein Zufall. Es ist Mathematik in ihrer reinsten Form: Wenn der bedeutendste Akteur den Raum verlässt, verschiebt sich das Gleichgewicht. Unweigerlich. Unaufhaltsam.

Die drei asiatischen Nationen demonstrieren etwas Bemerkenswertes: Man kann die schmerzhafte Vergangenheit respektieren, ohne ihr Gefangener zu bleiben. Man kann alte Wunden anerkennen und dennoch nach vorne blicken, wenn die Umstände es verlangen. Es ist, als ob der Raum sagt: „Füllt mich". Und sie füllen ihn.

Die Dynamik des Ungewollten

Was wir hier erleben, ist das Spiel der unbeabsichtigten Folgen. Donald Trump zog aus, um Amerika wieder groß zu machen und weckte unbeabsichtigt, was lange ruhte. Eine asiatische Annäherung, die zuvor undenkbar schien, beginnt plötzlich Fahrt aufzunehmen. Es ist die Dynamik des Ungewollten: Ein Präsident, der Mauern baut, erschafft ungewollt Brücken zwischen jenen, die er zurücklässt.

Die Geschichte ist voll von solchen leisen Umkehrungen. Von Momenten, in denen der Versuch, etwas zu verhindern, genau das hervorbringt, was man aufhalten wollte.

Ein Weckruf für Europa?

Europa beobachtet. Europa wartet. Europa diskutiert. Während sich Asien neu sortiert und frühere Rivalitäten in pragmatische Kooperationen verwandelt, steht Europa vor einer Entscheidung. Dies ist kein Moment für Passivität. Es ist ein Moment für Erkenntnis. Für Neubewertung. Für mutige Schritte.

Integration ist kein Zustand. Sie ist nicht statisch. Sie ist Arbeit. Bewegung. Entscheidung. Tag für Tag, Jahr für Jahr.

Während Asien sich neuformiert und Amerika sich zurückzieht, entsteht Raum. Ein Raum, der nicht lange leer bleibt. Ein Raum, der gefüllt wird.

Entweder von uns oder von anderen.
Es ist die unbeabsichtigte Dynamik, die die Welt verändert. Nicht die großen Ankündigungen. Nicht die ambitionierten Pläne. Sondern die stillen Verschiebungen, die entstehen, wenn jemand geht und andere kommen.

Conclusion

Die Gegenüberstellung östlicher und westlicher Ansätze zeigt: Wir haben die Wahl, wie wir streiken, arbeiten und mit Vergänglichkeit umgehen. Japans subtile Protestformen und *mono no aware* bieten alternative Wege zur deutschen Konfrontationskultur. Gleichzeitig warnt *karōshi* vor den Extremen einer Arbeitswelt ohne Grenzen. Zwischen Amerika, das radikal nach vorne prescht, und Japan, das mit Tradition ringt, sucht Deutschland noch seinen Pfad. Die Kunst liegt nicht im blinden Kopieren fremder Modelle, sondern im klugen Integrieren ihrer Stärken.

Literatur

AOK (2024). *Forscher alarmiert über Anstieg von Einsamkeit besonders bei Jüngeren.* https://www.aok.de/pp/gg/update/einsamkeit/. Zugegriffen: 17. April 2025

Ennoson, D. (2025, 1. April). *China Japan Südkorea: Handelsbündnis gegen Trump-Zollkrieg.* https://finanzmarktwelt.de/china-japan-suedkorea-handelsbuendnis-gegen-trump-zollkrieg-344483/. Zugegriffen: 5. Mai 2025

Fujimoto, T., Kato, Y., & Iwao, S. (2019). *The Evolution of Disaster-Response Capabilities: The Case of Toyota.* Management Education and Research Center (MMRC). http://merc.e.u-tokyo.ac.jp/mmrc/dp/pdf/MMRC513_2019.pdf. Zugegriffen: 9. April 2025

Gesmati, M. (2025, 15. Januar). *Groeßte Unternehmen der Welt 2025 – die Giganten der Wirtschaft im Ranking.* DerWesten. https://www.derwesten.de/panorama/vermischtes/groesste-unternehmen-welt-ranking-id301300388.html. Zugegriffen: 9. April 2025

Guiding Data (2021). *The Crash of Nikkei 225 – The Risk of Home Bias.* https://en.guidingdata.com/crash-nikkei-225-home-bias/. Zugegriffen: 17. April 2025

Hollender, C. (2024, 4. März). *Streik ohne Streit? In Japan geht das.* https://www.wiwo.de/unternehmen/dienstleister/fahren-aber-nicht-kassieren-streik-ohne-streit-in-japan-geht-das-/29585420.html. Zugegriffen: 9. April 2025

Hori, Y. (2019). Japan's „Employment Ice-Age Generation" Today: Investigating the Impact of Instability in the School-to-wort Transition. *Japan Labor, 20*(4), 3-14.

In Good Taste (2019). *The History oft he Bushido Code: Principles of Samurai Culture.* https://www.invaluable.com/blog/history-of-the-bushido-code/. Zugegriffen: 17. April 2025

JapanToday (2018, 2. Mai). *Okayama buses strike by continuing to run and refusing to take anyone's money.* https://japantoday.com/category/national/okayama-buses-strike-by-continuing-to-run-and-refusing-to-take-anyone%E2%80%99s-money. Zugegriffen: 30. Juni 2025

Japan Experience (2024, 16.01.). *Freeter in Japan: between freedom and precariousness.* https://www.japan-experience.com/preparer-voyage/savoir/comprendre-le-japon/les-freeters . Zugegriffen: 17. April 2025

Jetro (o. D.). *Kapitel 4 Personalmanagement.* https://www.jetro.go.jp/de/invest/setting_up/section4/reference.html. Zugegriffen: 9. April 2025

Muschter, R. (2024a). *Japan: Bruttoinlandsprodukt (BIP) in jeweiligen Preisen von 1980 bis 2023 ind Prognosen bis 2029.* Statista. https://de.statista.com/statistik/

daten/studie/14403/umfrage/bruttoinlandsprodukt-in-japan/. Zugegriffen: 9. April 2025

Muschter, R. (2024b). *Japan: Bruttoinlandsprodukt (BIP) pro Kopf in jeweiligen Preisen von 1980 bis 2023 und Prognosen bis 2029.* Statista. https://de.statista.com/statistik/daten/studie/14439/umfrage/bruttoinlandsprodukt-pro-kopf-in-japan/. Zugegriffen: 9. April 2025

Muschter, R. (2024c). *USA: Bruttoinlandsprodukt (BIP) in jeweiligen Preisen von 1980 bis 2023 und Prognosen bis 2029.* Statista. https://de.statista.com/statistik/daten/studie/14418/umfrage/bruttoinlandsprodukt-in-den-usa/. Zugegriffen: 9. April 2025

Muschter (2024d). *USA: Bruttoinlandsprodukt (BIP) pro Kopf in jeweiligen Preisen von 1980 bis 2023 und Prognosen bis 2029.* Statista. https://de.statista.com/statistik/daten/studie/14454/umfrage/bruttoinlandsprodukt-pro-kopf-in-den-usa/. Zugegriffen: 9. April 2025

Reich, P. (2024, 25. Juli). *Minus 861'237 – Japans Bevölkerung schrumpft weiter im Rekordtempo.* Watson. https://www.watson.ch/international/wissen/675844584-japans-bevoelkerung-schrumpft-im-rekordtempo-minus-900-000-in-einem-jahr. Zugegriffen: 17. April 2025

SPIEGEL (2025, 27. Februar). *Japan werden so wenig Kinder geboren wie noch nie.* https://www.spiegel.de/wissenschaft/natur/japan-geburtenrate-erreicht-historischen-tiefstand-ein-baby-auf-zwei-todesfaelle-a-1dd51edf-b7e0-4c61-bb48-8e8afbd40be9. Zugegriffen: 17. April 2025

Statista Research Department (2025a). *Bruttoinlandsprodukt (BIP) in Deutschland von 1991 bis 2024.* Statista. https://de.statista.com/statistik/daten/studie/1251/umfrage/entwicklung-des-bruttoinlandsprodukts-seit-dem-jahr-1991/. Zugegriffen: 9. April 2025

Statista Research Department (2025b). *Bruttoinlandsprodukt (BIP) je Einwohner in Deutschland von 1991 bis 2024.* Statista. https://de.statista.com/statistik/daten/studie/1252/umfrage/entwicklung-des-bruttoinlandsprodukts-je-einwohner-seit-1991/. Zugegriffen: 9. April 2025

Tagesspiegel (2025, 7. Januar). *Kein Lohn mehr am ersten Krankheitstag?* https://www.tagesschau.de/wirtschaft/arbeitsmarkt/debatte-lohnkuerzung-krankheitsfall-allianz-100.html. Zugegriffen: 9. April 2025

dpa, & afp (2023, 8. August). *Bei Samurai-Festival: Mehr als Hundert Pferde erleiden Sonnenstich.* t-online. https://www.t-online.de/nachrichten/panorama/tiere/id_100221276/japan-ueber-hundert-pferde-erleiden-sonnenstich-bei-samurai-festival.html. Zugegriffen: 17. April 2025

Winnat, C. (2016, 28. November). *„Präsentismus" kostet die Wirtschaft Milliarden*. Ärzte Zeitung. https://www.aerztezeitung.de/Wirtschaft/Praesentismus-kostet-die-Wirtschaft-Milliarden-312187.html. Zugegriffen: 9. April 2025

WirtschaftsWoche (2023, 31. August). *Erster Streik in japanischem Kaufhaus seit Jahrzehnten.* https://www.wiwo.de/unternehmen/handel/einzelhandel-erster-streik-in-japanischem-kaufhaus-seit-jahrzehnten/29365084.html. Zugegriffen: 9. April 2025

Ziegler, M. (2023, 3. April). *1,46 Millionen Menschen in Japan leben als soziale Einsiedler.* Sumikai. https://sumikai.com/nachrichten-aus-japan/soziales-leben/146-millionen-menschen-in-japan-leben-als-soziale-einsiedler-328426/. Zugegriffen: 17. April 2025

Ziegler, M. (2025, 14. April). *Japans Bevölkerung schrumpft immer schneller.* Sumikai. https://sumikai.com/nachrichten-aus-japan/japans-bevoelkerung-schrumpft-immer-schneller-354503/. Zugegriffen: 17. April 2025

Zwischen Pflicht und Exzellenz: Japanische Lebensphilosophie als Orientierung

Einleitung

In Japan bleiben Urlaubstage ungenutzt aus Sorge, die Harmonie zu stören. In Deutschland wird Urlaub als Recht verteidigt. Japaner praktizieren *inemuri*, das öffentliche Nickerchen, während wir der Work-Life-Balance nachjagen. Diese Essays erkunden den Raum zwischen Pflicht und persönlicher Erfüllung. Sie zeigen, wie kulturelle Prägungen unsere alltäglichen Entscheidungen formen.

Die Unterschiede sind tiefgreifend: Vom Umgang mit Kunden bis zur Rolle der Arbeit im Alter, von der Bedeutung gemeinsamer Büros bis zur Definition persönlicher Freizeit. Doch in beiden Kulturen ringen wir mit derselben Frage: Wie finden wir Erfüllung ohne Egoismus, Gemeinschaft ohne Selbstaufgabe? Diese Betrachtungen bieten keine fertigen Antworten. Eher ein Versuch frische Perspektiven zu eröffnen, für eine Welt, die zunehmend nach Orientierung sucht.

Frei haben, ohne frei zu sein: Urlaubskultur zwischen Japan und Deutschland

In Japan gibt es 20 Urlaubstage. Die meisten Menschen nehmen 11 (Statista Research Department 2025). Nicht, weil sie nicht wollen. Sondern weil sie glauben, dass sie nicht dürfen. Es ist kein Gesetz, das sie zurückhält. Es ist ein Gefühl. Ein Flüstern im Büro. Ein Blick. Eine innere Stimme, die sagt: „Mach niemandem Umstände."

In Japan nennt man das *meiwaku*. Der Wunsch, niemandem zur Last zu fallen. Und so bleiben Urlaubstage ungenutzt. Nicht aus Pflichtbewusstsein. Sondern aus Angst, die Balance zu stören. *Wa* (Harmonie) ist das Ziel. Und wer Urlaub nimmt, könnte das System zum Wackeln bringen. Ich erinnere mich noch sehr genau an das für mich so überraschende, für ihn so selbstverständliche Verhalten meines japanischen Bruders. Er kam mit seiner Frau aus Japan zu Besuch nach Berlin. Erstes Ziel: nicht Sightseeing. Sondern Souvenirs (*omiyage*) für die Kolleginnen und Kollegen.

Kleine Entschuldigungen für die eigene Abwesenheit.

Aber das war nicht alles: E-Mails bis Mitternacht. Telefonate am frühen Morgen. Ständige Präsenz, obwohl er physisch längst nicht mehr da war. Nicht, weil jemand es verlangte. Sondern weil das System es erwartet. Nicht laut. Aber deutlich.

Das Gegenteil: In deutschen Büros ist Urlaub ein Statement. Geplant. Verteidigt. Durchgezogen. Der Satz „Das ist mein gesetzlicher Anspruch" fällt häufiger als man denkt. Und das mit Stolz. In Deutschland ist Urlaub kein Störfaktor. Er ist Teil der Performance. Teil der Identität.

> **Systemfrage: Urlaub**
> Japan: Urlaub als Störung der Ordnung.
> Deutschland: Urlaub als Teil der Ordnung. Beides funktioniert. Bis es nicht mehr funktioniert.

Beide Systeme spiegeln tiefere kulturelle Werte: Kollektive Harmonie in Japan, individuelle Selbstbestimmung in Deutschland. Doch beide tragen die Samen ihrer eigenen Probleme in sich.

Denn was passiert, wenn Menschen ausbrennen, weil sie nie abschalten? Oder wenn Kollegen kollabieren, weil niemand Verantwortung teilen will? Und was passiert, wenn Selbstverwirklichung zum Selbstzweck wird, ohne Rücksicht auf das große Ganze?

Denn was nützt Harmonie, wenn sie auf stillem Rückzug basiert? Und was bringt das eigene Wohlbefinden, wenn jemand anderes dafür die Rechnung zahlt? Zwischen dem „Ich" und dem „Wir" gibt es keinen klaren Pfad. Kein Handbuch. Keine Patentlösung. Nur diesen Raum dazwischen.

Dort, wo Selbstfürsorge auf Gemeinschaft trifft. Wo Urlaub mehr ist als Freizeit, sondern ein Statement. Wir alle stehen in diesem Raum. Ob wir unter Kirschblüten stehen oder unter Eichen.

Was sind wir bereit zu riskieren, um beides zu schützen, dass Ich und das Wir? Und wer bringt den Mut auf, den ersten Schritt zu tun?

Der andere Blick auf Kundengespräche

Tabu-Kataloge kennen wir alle. Bei Kundentreffen: Keine Familienthemen. Keine Religion. Kein Geld. Keine Politik. Kein Tratsch. Wir halten uns daran, nicken zustimmend. Professionell bleiben. Immer. Ohne Ausnahme.

Auch in der japanischen Teezeremonie gibt es diese Regeln. Hier geht es nicht um Smalltalk, sondern um Stille, Präsenz und bewusstes Miteinander. Auch dort gelten Regeln des Weglassens. Doch mit einem anderen Ziel: Klarheit. In der Teezeremonie geht es um Präsenz. In unseren Kundengesprächen geht es um ... ja, um was eigentlich? Unsere Kundengespräche sind vollgestopft mit unausgesprochenen Absichten: Verkaufsdruck, Abschlussgedanken, verdeckte Taktiken.

Der Kunde spürt das. Natürlich tut er das.

Und wenn wir den Spieß umdrehen würden? Wenn wir einen Raum schaffen, in dem nichts verkauft werden muss? Stellen Sie sich vor, Ihr nächstes Kundengespräch wäre wie eine schlichte Teezeremonie. Kein Verkaufsdruck. Kein verborgenes Skript. Nur zwei Menschen, ein Gespräch, echtes Interesse. Nicht verkaufen, um zu verkaufen. Nicht reden, um zu überzeugen. Nicht handeln, um abzuschließen. Sondern da sein, um da zu sein.

Es klingt simpel. Fast zu simpel, um wahr zu sein. Aber in einer überreizten Geschäftswelt könnte genau diese Einfachheit der überraschende Unterschied sein. Die Kunst der Beschränkung führt oft zu unerwarteten Ergebnissen. Tiefere Verbindungen. Authentischere Beziehungen. Kunden, die zurückkommen, weil sie sich gesehen fühlen, nicht verkauft. Die Frage bleibt: Trauen wir uns, es auszuprobieren?

Inemuri: Das Japanische Nickerchen

In Tokios überfüllten U-Bahnen nicken Geschäftsleute ein. In Cafés dösen Studenten über ihren Büchern. In Meetings blinzeln Angestellte gegen die Müdigkeit an. Sie praktizieren *inemuri* (居眠り): Das gesellschaftlich akzeptierte Einnicken in der Öffentlichkeit.

Dieses unscheinbare kulturelle Phänomen verrät uns etwas Tiefgründigeres über unsere gesamte Arbeitsphilosophie. Die OECD-Statistiken sprechen eine deutliche Sprache: Japan rangiert unter den Nationen mit den geringsten Schlafzeiten (The Asahi Shimbun 2023). Unter dem Deckmantel von Produktivität und Effizienz lauert die Erschöpfung. Ein Preis, den wir längst normalisiert haben.

Wir haben uns ein Märchen erzählt. Das Märchen der Work-Life-Balance. Als ob unser Leben ein Balanceakt wäre. Als ob wir ständig Gewichte von einer Seite zur anderen schieben müssten, um nicht zu kippen. Die Waage selbst ist das Problem. Die Japaner haben nicht etwa mehr Balance gefunden. Sie haben sich angepasst. Mit *inemuri* haben sie einen kulturellen Hack entwickelt, der es ihnen erlaubt, in den Ritzen des Alltags Erholung zu finden. Doch sollten wir wirklich in den Ritzen leben müssen? Die radikalere Frage lautet: Was, wenn wir gar keine Balance brauchen? Wir brauchen keine Balance. Wir brauchen Stimmigkeit.

Die meisten von uns haben akzeptiert, dass Arbeit und Leben zwei getrennte Sphären sind. Wir pendeln nicht nur physisch zwischen Büro und Zuhause, sondern auch mental zwischen „Muss-ich-tun" und „Will-ich-tun". Diese Trennung selbst ist die Illusion. Wenn Sie jemals das Gefühl hatten, dass Sie am Montag eine andere Person sind als am Samstag, liegt das Problem vielleicht nicht im Terminkalender, sondern in der künstlichen Trennung.

> **Important**
> Falsche Frage: „Wie finde ich mehr Balance?"
> Richtige Frage: „Warum will ich ständig fliehen?"

Wenn wir ständig den nächsten Urlaub herbeisehnen, den nächsten Feierabend, das nächste Wochenende, leben wir dann wirklich, oder verschieben wir das Leben ständig auf später?

Inemuri ist kein Zeichen für Balance. Es ist ein Symptom eines Systems, in dem Menschen so erschöpft sind, dass sie jede Gelegenheit nutzen müssen, um nachzuholen, was ihnen fehlt. Die Alternative ist nicht eine bessere Waage. Die Alternative ist ein Leben, das keine Waage braucht. Es gibt kein Leben hier und Arbeit dort. Es gibt nur das Leben. Die Frage ist nicht, wie Sie es ausbalancieren. Die Frage ist, wie Sie es gestalten. Und vielleicht beginnt die Antwort mit einem Nickerchen. Nicht als verzweifelter Versuch, Energie zu tanken für den nächsten Marathon, sondern als bewusste Entscheidung, jetzt zu leben. Auch wenn es bedeutet, im vollen Zug einzunicken.

Der Pflegenotstand ist beendet

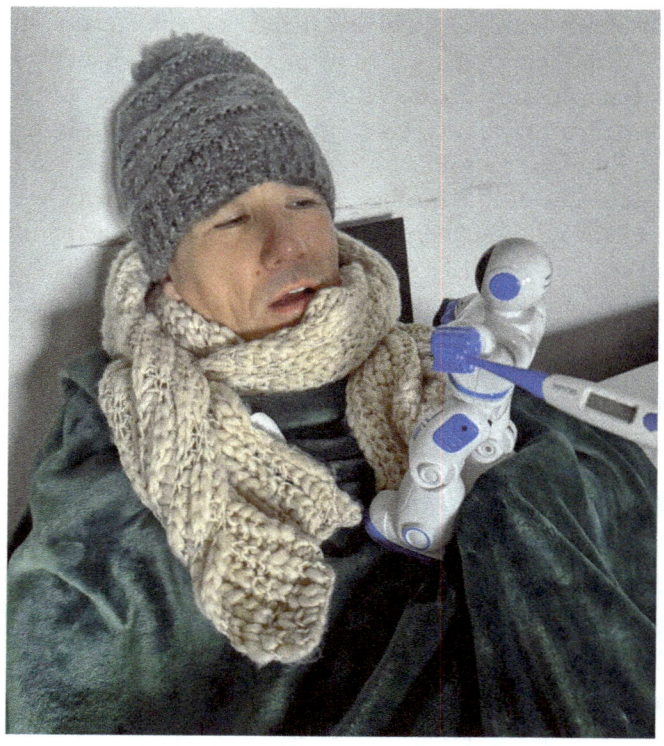

Der Pflegenotstand ist beendet. Oder etwa doch nicht? Die Schlagzeilen versprechen es: Japanische Roboter kommen, um uns von dem Pflegenotstand in Deutschland zu erlösen. Aber was steckt wirklich hinter diesem technologischen Zukunftsversprechen?

Japan glaubt, die Antwort gefunden zu haben. Pflegeroboter als Wunderwaffe im Kampf gegen den Fachkräftemangel. Eine verlockende Vision in Zeiten von KI-Euphorie.

> **Pflege trifft Zukunft**
> In Japan assistieren bereits Roboter wie „Paro" (eine therapeutische Roboter-Robbe) oder „Pepper" in Pflegeheimen. Sie können repetitive Aufgaben übernehmen, Vitalwerte messen oder einfache soziale Interaktion bieten.

Doch können sie das Halten einer Hand ersetzen, wenn es darauf ankommt? Technologie und menschliche Zuwendung müssen keine Gegensätze sein. Die entscheidende Frage ist: Wie können Roboter die wertvollen menschlichen Ressourcen entlasten, damit Pflegekräfte mehr Zeit für das haben, was nur sie leisten können: echte menschliche Verbindung? Wollen wir uns trotz des aktuellen Fachkräftemangels wirklich eine Zukunft vorstellen, in der wir unsere Eltern an der Türschwelle eines Altenheims abgeben, um diese von Robotern pflegen zu lassen? Ist Pflege nicht mehr als das mechanische Ausführen von Aufgaben?

Pflege ist das, was passiert, wenn zwei Menschen sich wirklich begegnen. Im Moment der Schwäche. Im Augenblick der Freude. In der Stille gemeinsamer Momente. Echte Innovation in der Pflege bedeutet nicht, das Menschliche zu automatisieren. Sie bedeutet: Würde und Mitgefühl ermöglichen. Durch bessere Ausbildung, faire Bezahlung und die Wertschätzung unserer Pflegekräfte.

Wir suchen nach technischen Lösungen für ein menschliches Problem. Wir bauen Roboter, anstatt Pflegekräfte wertzuschätzen. Wir optimieren Prozesse, anstatt Beziehungen zu fördern. Die Frage ist nicht, ob Roboter pflegen können. Die Frage ist, wo und wie wir Technologie sinnvoll einsetzen können: Bei nächtlichen Routinen, bei der Dokumentation, als Hebehilfen, überall dort, wo sie uns entlastet, ohne das Menschliche zu ersetzen. Denn wie eine Gesellschaft mit ihren Schwächsten, ihren Jungen und in diesem Fall ihren Alten umgeht, ist das Kennzeichen ihrer Menschlichkeit.

Die Entscheidung liegt bei uns. Nicht als abstrakte Gesellschaft. Sondern bei Ihnen und mir.

In unseren täglichen Entscheidungen. In unserer Wertschätzung für Pflegekräfte. In unserer Bereitschaft, für menschenwürdige Pflege einzustehen. Was wählen Sie: Den einfachen Weg der Automation oder den wertvolleren Weg der menschlichen Verbindung?

Japanische Innovation überholt französiche Tradition

Genau das ist passiert, bei der Patisserie-Weltmeisterschaft in Lyon. Und zwar 2025. Das Unmögliche wurde möglich: Frankreich, die selbsternannte und jahrhundertelang unangefochtene Heimat der Patisserie, wurde von Japan nicht nur geschlagen, sondern regelrecht überrollt. Mit

228 Punkten Vorsprung (Coup du Monde de la Pâtisserie o. D.; Maé Innovation 2025). Ein Erdbeben in der Welt der feinen Desserts. Und es war kein Zufall. Es war eine stille, süße Revolution.

Es passiert so leicht: Du erfindest etwas. Du perfektionierst es über Jahrzehnte. Du machst es zu deiner Identität. Und dann, an einem scheinbar gewöhnlichen Dienstag in Lyon, ist alles anders.

Frankreich ruhte sich zu lange auf seinem Erbe aus. Als die Welt längst die französischen Techniken beherrschte, versäumte es die Grande Nation, weiterzugehen. Das ist die Ironie des Erfolgs: Er macht bequem. Denn die gefährlichste Falle ist nicht das Scheitern. Es ist der frühere Erfolg.

Die Japaner haben nicht einfach nur französische Techniken kopiert. Sie haben sie neu interpretiert. Haben Präzision mit Minimalismus verschmolzen. Haben nicht gefragt: „Wie macht man das perfekte französische Dessert?" Sondern: „Was könnte Patisserie heute sein?"

Das ist der Unterschied zwischen Tradition bewahren und Tradition ehren. Tradition bewahren heißt, die Form zu erhalten. Tradition ehren heißt, den Geist weiterzuentwickeln. Während einige ihre Erfolge von gestern feiern, setzt sich anderswo jemand hin und lernt etwas Neues.

Das nächste große Ding wird nicht dort entstehen, wo alle hinschauen. Es wird von denen kommen, die die Regeln verstehen und sie trotzdem bewusst brechen. Was würden Sie heute neu denken, wenn Ihr gestriger Erfolg morgen bedeutungslos wäre? Und noch wichtiger: Warum warten Sie damit bis morgen?

Agile Führung: Die perfekte Ausrede für Führungsschwäche?

© Samurai Museum Berlin [Urheberrecht beim Autor]

Nachts in meinem Hotelzimmer in Tokio, der Schlaf will nicht kommen, läuft einer dieser klassischen Samurai-Filme in Schwarz-Weiß. Mit einer überteuerten Minibar-Cola in der Hand beobachte ich, wie diese Krieger einem strengen, unveränderlichen Kodex folgen. Ihre Beständigkeit fasziniert mich.

Je länger ich zusehe, desto mehr wandern meine Gedanken zu den Führungspersonen in meinem eigenen Leben. Und dann frage ich mich: Wie viele Chefs hatte ich schon, bei denen man nie wusste, was kommt?

Heute verkündet er das eine, morgen das Gegenteil. Ein Versprechen wird gemacht und nicht gehalten. Immer nur auf den eigenen Vorteil bedacht. Neudeutsch nennen wir das „agil".

> Was wir „agil" nennen, ist oft nur ein Etikett, das wir auf Verhaltensweisen kleben, die wir früher als unzuverlässig bezeichnet hätten.

Die meisten agilen Führungskräfte, denen ich begegnet bin, praktizieren nicht wirklich Agilität. Sie praktizieren Opportunismus mit besserer PR. Sie haben die seltene Gabe, ihre Unbeständigkeit als moderne Tugend zu verkaufen, während sie eigentlich nur dem Weg des geringsten Widerstands folgen. Es ist, als würden sie versuchen, eine Autobahn zu navigieren, indem sie ständig die Karte wechseln, statt die Richtung anzupassen. Doch ist „Agilität" in solchen Fällen nicht nur ein Deckmantel für fehlende Haltung?

> Der Unterschied zwischen Agilität und Charakterlosigkeit liegt nicht in der Häufigkeit der Richtungsänderung, sondern in der Beständigkeit des Kompasses.

Der Samurai-Film dagegen zeigt etwas Zeitloses: Der Bushidō-Kodex der Samurai. Ehrlichkeit, Pflichtbewusstsein, Loyalität war keine Empfehlungsliste (Maikoya 2019). Er war ein unverrückbares Gesetz. Diese Treue zu Werten schuf Berechenbarkeit, und Berechenbarkeit schafft Vertrauen. Erst dann entsteht echte Zusammenarbeit. Die Samurai konnten sich auf Schlachtfeldern anpassen, neue Taktiken entwickeln und unerwartete Bewegungen vollführen, aber nie im Widerspruch zu ihrem Kodex. Das ist wahre Agilität: Die Fähigkeit, flexibel zu sein, ohne beliebig zu werden.

> Agilität ohne Werte ist wie ein Schiff ohne Anker: Es treibt, aber es segelt nicht.

Teams können mit Veränderung umgehen. Was sie nicht ertragen können, ist Chaos. Sie können schwierige Entscheidungen akzeptieren, sogar unangenehme, solange sie verstehen, dass diese Entscheidungen aus einem kohärenten Wertesystem stammen. Was sie zermürbt, ist das Gefühl, dass die Spielregeln sich jederzeit ohne Vorwarnung ändern können. Agilität ist kein Feind der Führung. Im Gegenteil. Aber sie braucht einen Fixpunkt: Werte, die nicht verhandelbar sind. Wie ein Kompass im Sturm: Die Nadel mag zittern, aber sie zeigt immer nach Norden. Die Frage ist nicht, ob Sie sich anpassen sollen. Die Frage ist, woran Sie sich orientieren, während Sie sich anpassen.

Märkte verändern sich. Technologien verändern sich. Kundenbedürfnisse verändern sich. Was sich nicht verändern sollte, ist Ihr Verständnis davon, was wirklich zählt. Gerade wenn alles in Bewegung gerät, wird Klarheit über die eigenen nicht-verhandelbaren Werte zum entscheidenden Wettbewerbsvorteil.

Die wirklich inspirierenden Führungskräfte können ihre Taktiken täglich anpassen, während ihre Strategie beständig bleibt. Ihr Geheimnis? Sie haben verstanden, dass echte Flexibilität nur auf dem Fundament unverrückbarer Werte gedeihen kann. Man kann Taktiken ändern. Man kann Strategien anpassen. Aber sobald man anfängt, Werte wie Hüte zu wechseln, hat man aufgehört zu führen.

> **Beispiel**
>
> Apple glaubt an Design. Nike an menschliches Potenzial. SpaceX an interplanetares Leben. Die Strategien dieser Unternehmen haben sich immer wieder verändert, angepasst, entwickelt, aber ihre Grundüberzeugungen sind ein unerschütterliches Gravitationszentrum geblieben.

Die wahre Herausforderung für Führungskräfte ist nicht, agil zu sein. Die wahre Herausforderung ist, eine Balance zu finden zwischen der notwendigen Anpassungsfähigkeit und der ebenso notwendigen Beständigkeit. Die besten Führungskräfte sind Meister dieser Spannung. Sie können ihr Unternehmen durch stürmische Gewässer navigieren, während sie gleichzeitig einen unverrückbaren Leuchtturm bereitstellen, an dem sich alle orientieren können.

Ihre Mitarbeiter müssen nicht jede Entscheidung verstehen. Aber sie müssen spüren, wofür Sie kämpfen. Sie brauchen nicht immer mit Ihnen einer Meinung zu sein, aber sie müssen darauf vertrauen können, dass Ihre Meinung auf einem konsistenten Wertefundament beruht. Diese Art von Vertrauen kann nicht gekauft oder befohlen werden, es muss durch beständiges Handeln verdient werden.

Die Cola ist leer. Der Samurai kämpft seinen letzten Kampf, nicht für Starrsinn, sondern für Haltung. Draußen dämmert es über Tokio. Und ich denke: Führung ist keine Frage der Tagesform. Sie ist ein Ehrenkodex.

Gewinner

Seien wir ehrlich: Jeder von uns mag es, zu gewinnen. Und wenn es dazu noch eine Trophäe gibt? Umso besser, oder? Shōgun (siehe auch Abschn. Das Shōgun-Prinzip: Neuerfindung ohne Selbstaufgabe), die großartige TV-Serie von 2024, gewann 18 Emmys bei den 76. Primetime Emmy Awards (Spiegelhauer 2024). Die meistausgezeichnete Einzelstaffel aller Zeiten. Beeindruckend? Absolut. Wichtig? Sicher. Der einzige Maßstab für Arbeit? Keineswegs. Denn während wir die Gewinner feiern, passiert etwas anderes. Etwas Wichtigeres.

Der Krankenpfleger, der einem verängstigten Patienten die Hand hält. Die Lehrerin, die zum hundertsten Mal erklärt, wie Bruchrechnung funktioniert, weil sie weiß, dass dieses eine Kind es diesmal verstehen wird (Danke Frau Deniz für Ihre Geduld). Der Manager, der sein Meeting verschiebt, um Zeit für das zu haben, was wirklich zählt: Ein Gespräch mit einem frustriertem Teammitglied. Keine Trophäen dafür. Keine Zeitungsartikel. Keine viral gehenden Twitter-Threads.

Wir haben uns in eine seltsame Ecke manövriert. Eine Ecke, in der nur das zählt, was messbar ist, was sich in Likes ausdrücken lässt, was sich gut in einer PowerPoint-Präsentation macht. Aber die wichtigste Arbeit? Die wichtigste Arbeit versteckt sich. Sie flüstert, während andere schreien. Sie erscheint jeden Tag, während andere auf ihren großen Moment warten. Sie macht weiter, auch wenn niemand zuschaut. Das ist das Merkwürdige an wirklich bedeutungsvoller Arbeit: Je wichtiger sie ist, desto weniger wahrscheinlich ist es, dass sie eine Trophäe bekommt. Die Frage ist also nicht: „Wie können wir mehr Auszeichnungen gewinnen?" Die Frage ist: „Machen wir Arbeit, die zählt?" „Berühren wir Leben?" „Schaffen wir etwas, das bleibt?"

Ich möchte Ihnen nicht zu nahetreten: Aber die meisten von uns werden nie einen Emmy gewinnen. Oder einen Oscar. Oder den Nobelpreis. Aber jeder von uns hat die Chance, jeden Tag bedeutungsvolle Arbeit zu leisten.

Klein. Konstant. Konsequent. Das ist der echte Gewinn. Und das Beste daran? Sie können heute damit anfangen. Jetzt sofort. Ohne Erlaubnis. Ohne Publikum. Einfach, weil es wichtig ist. Denn am Ende des Tages sind es nicht die Trophäen, die zählen. Es sind die Leben, die wir berührt haben. Die Unterschiede, die wir gemacht haben. Die Menschen, denen wir geholfen haben. Das ist der wahre Applaus. Auch wenn ihn niemand hört.

P.S. Nur um etwaige Missverständnisse auszuschließen: *Shōgun* ist wirklich sehenswert.

Die kleinen Dinge, die alles bedeuten

Warum erscheint das Lösen gesellschaftlicher Probleme heute schwieriger, obwohl wir mehr Ressourcen und Technologien zur Verfügung haben als je zuvor? Die Antwort liegt weder in unseren Systemen noch in unserer Technologie oder Politik. Sie liegt in etwas, das wir unterwegs verloren haben: Unsere alltäglichen Rituale der Gemeinschaft.

Letzte Woche war ich in Japan. Und während die Welt über Züge, Roboter und Innovation spricht, sind es die kleinen Dinge, die mir wieder auffallen: Menschen bilden Reihen. Ohne dass jemand es ihnen sagt. Die Rolltreppe wird rechts freigehalten. In der Bahn wird geschwiegen. Und überall: „Bitte", „Danke", „Entschuldigung". Nicht aufgesetzt. Einfach Teil des Lebens.

Nach zwei Wochen wurde mir klar: Wir haben verlernt, dass Größe in der Summe kleiner Gesten liegt. Dass Kultur nicht durch Worte entsteht, sondern durch Wiederholung. Wie sollen wir die großen Probleme unserer Zeit lösen, Klimawandel, soziale Ungleichheit, politische Spaltung, wenn wir nicht einmal in der Lage sind, „Bitte" und „Danke" zu sagen, Rücksicht zu nehmen, anderen die Tür aufzuhalten?

Was für eine Gesellschaft gilt, gilt auch für ihre kleineren Abbilder. Denn im Unternehmen sind es nicht die großen Entscheidungen, die uns verbinden. Es sind die kleinen Abläufe, die niemand bemerkt, bis sie fehlen. Ein Kaffee, der eingegossen wird, ohne darum zu bitten. Eine pünktlich beantwortete Nachricht. Ein „Danke" für selbstverständliche Arbeit. In diesen winzigen, unbedeutenden Handlungen liegt die DNA jeder Kultur. Unsichtbar, bis sie stirbt.

Nicht die Lösung ist das Problem. Sondern die Grundlage, auf der wir sie suchen. Es beginnt mit dem Verständnis, dass diese „kleinen" Handlungen in Wahrheit Rituale sind. Rituale, die eine Ansammlung von Individuen in eine Gemeinschaft verwandeln. Denn ohne diese Rituale, ohne diese kleinen Akte gemeinschaftlicher Anerkennung, werden die großen Herausforderungen nicht nur schwieriger. Sie werden unmöglich.

Die vergessene Kunst der Führung

Was wir glaubten, für teures Geld kaufen zu müssen, ist kostenlos verfügbar. Die Führungskräfteindustrie ist ein Milliarden Geschäft, das auf einer einfachen Prämisse basiert: Die Antworten liegen nicht in uns, sondern woanders. Bei einem Guru. In einem Buch. Auf einem Retreat in den Bergen. Mit Verlaub: Dieses Versprechen ist eine Lüge. Die teuren Seminare, die Zertifikate, die Drei-Tage-Retreats, sie verkaufen uns etwas, das wir längst besitzen. Etwas, das wir nur verlernt haben zu nutzen.

Echte Führung ist so menschlich, so naheliegend, dass wir es nicht wahrhaben wollen. Weil wir lieber komplizierte Lösungen suchen, statt die einfache Wahrheit zu akzeptieren, dass es sich nur um zwei Dinge dreht. Nur zwei:

- Sinnstiftende Tätigkeiten schaffen
- Aufrichtige Wertschätzung zeigen

> **Beispiel**
>
> Takeda Shingen verstand das bereits im 16. Jahrhundert. Der legendäre Samurai-Feldherr führte keine PowerPoint-Präsentationen vor. Er brauchte keine Assessment-Center. Er erkannte stattdessen die fundamentale menschliche Wahrheit: Menschen wollen wissen, dass ihre Arbeit zählt, und sie wollen dafür anerkannt werden.
>
> Seine Armee war oft zahlenmäßig unterlegen, und dennoch siegte sie. Warum? Weil jeder einzelne Krieger verstand, wie sein Beitrag zum Ganzen passte. Weil jeder wusste, dass Takeda Shingen sein Engagement sah und schätzte (Fuh-mi 2023; Max 2024).

Wie oft haben Sie schon den Satz gehört: „Die Menschen sind unser wichtigstes Kapital"? Und wie oft haben Sie erlebt, dass Unternehmen tatsächlich danach handeln? Wir haben uns so sehr in Modellen, Methoden und Checklisten verloren, dass wir die Einfachheit aus den Augen verloren haben.

Es ist an der Zeit, aufzuhören, nach außen zu schauen, und stattdessen nach innen zu blicken. Stellen Sie sich vor, was passieren würde, wenn jede Führungskraft in Ihrem Unternehmen jeden Morgen mit nur zwei Fragen aufwachen würde:

1. Macht unsere Arbeit heute einen echten Unterschied?
2. Weiß mein Team, dass ich ihre Arbeit sehe und schätze?

Keine endlosen Tabellen. Keine leeren Zielformulierungen. Keine überkomplizierten Berichtsstrukturen. Nur die reine, ungeschminkte Wahrheit: Menschen wollen einen Unterschied machen, und sie wollen, dass dieser Unterschied gesehen wird.

Takeda Shingen wusste das vor fünfhundert Jahren. Und Sie wissen das auch. Denn Führung ist keine Wissenschaft. Sie ist eine Entscheidung. Die Entscheidung, Arbeit bedeutsam zu machen und Menschen zu zeigen, dass sie gesehen werden. Alles andere ist nur Ablenkung.

Mehr Avatare

Das Unechte wird real. Hatsune Miku ist in Japan ein digitaler Superstar. Eine virtuelle Sängerin mit türkisblauem Haar, die als Hologramm Konzerthallen von Tokio bis Berlin füllt. Sie existiert nicht und füllt trotzdem Stadien. Im Gegensatz zu ABBAs neuen virtuellen Konzerten, Daft Punk oder den Gorillaz ist Hatsune Miku vollständig synthetisch. Kein Mensch hinter der Maske. Keine Band hinter dem Vorhang. Nur Zeilen von Code und die kollektive Kreativität ihrer Fans, die ihre Songs komponieren.

Es gibt Kinder, die nie auf echtem Rasen Fußball gespielt haben, aber auf der PlayStation zu wahren Virtuosen geworden sind. Es gibt Menschen, die nie ein Flugzeug gesteuert haben, aber auf ihrem Computer jeden Flughafen der Welt sicher ansteuern können. Und bald wird es Keynote Speaker geben, die nicht mehr gebucht werden, weil ihre Jobs von Avataren übernommen werden. Avatare, die aussehen wie George Clooney oder Natalie Portman und fehlerfrei die gewünschten Inhalte spannend und witzig darbieten.

Es ist kein Albtraum. Es ist Realität
Die Mittelmäßigkeit hat keine Zukunft. Der durchschnittliche Vortrag, die austauschbare Präsentation, die erwartbare Performance. All das wird verschwinden.

Wenn wir der Überzeugung sind, dass unsere Botschaften Gehör finden sollen, dann müssen wir unsere Inhalte neu definieren. Inhalte finden, die uns als Menschen auszeichnen. Die Maschine kann perfekt sein. Wir können bedeutsam sein. Die Maschine kann fehlerfrei sein. Wir können verletzlich sein. Die Maschine kann beeindrucken. Wir können berühren.

Künstliche Intelligenz ist keine Bedrohung für unsere kreative Daseinsberechtigung. Sie ist eine Herausforderung an unsere Mittelmäßigkeit. Die Frage ist nicht, ob wir ersetzt werden können. Die Frage ist, ob wir ersetzt werden sollten. Werden Sie Teil der Kopie oder Schöpfer des Originals?

Ist das die Zukunft oder der Anfang vom Ende?

Oder ist das Ende schon längst da. So schleichend, dass wir es nicht bemerken wollen?

Japan hat ein Problem. Zu wenige Priester, zu viele Beerdigungen. *Pepper*, ein Roboter, liest jetzt buddhistische Sutren. Für ein Drittel der Kosten (Reuters 2017). Pragmatismus trifft auf Jahrtausende alte Tradition. Und wir applaudieren der Innovation. Aber was genau feiern wir da? Einen Fortschritt oder den stillen Übergang. Weil sie entlastet. Und weil sie nicht stört. So beginnt der Übergang von Menschen zu Maschine. Nicht laut. Leise. Lächelnd. Freundlich.

Roboter werden Familienmitglieder. Die Frage ist: Wollen wir das? Wollen wir Nähe durch Bequemlichkeit ersetzen? Wenn Maschinen unsere Einsamkeit lindern müssen, wenn Maschinen unsere Toten betrauern, wenn Maschinen unsere Spiritualität tragen, was bleibt dann eigentlich noch für uns?

Die Roboter sind nicht die Bedrohung. Sie sind nur ein Spiegel. Ein Spiegel, der uns zeigt, wie weit wir uns von echter Verbindung entfernt haben. Ein Spiegel, der uns fragt: Was bedeutet Menschlichkeit, wenn sie sich ersetzen lässt?

Nicht die Maschinen entscheiden, was menschlich bleibt. Wir tun es. Jeden Tag. Die Angst, menschlich zu sein, verwundbar zu sein, das ist die wahre Herausforderung. Echt zu sein. Unperfekt zu sein. Und echte, verbindliche Nähe zu suchen, anstatt sie zu outsourcen. Wandel geschieht. Menschlichkeit bleibt. Aber nur, wenn wir sie wählen.

Der folgende Artikel steht bewusst am Ende meiner Denkimpulse, als Schlusspunkt eines Buches, das Sie durch verschiedene Facetten deutsch-japanischer Perspektiven geführt hat. Die Geschichte des japanischen Unternehmens Renesas subsumiert alles, was mein Perspektivenwechsel zwischen beiden Kulturen sichtbar macht: Haltung, die sich in Krisenzeiten beweist, Resilienz, die aus Gemeinschaft erwächst, und die fundamentale Frage, wie wir eigentlich leben wollen. Sie ist ein Spiegel, der uns zeigt, dass in der Verbindung zwischen Menschen eine Kraft liegt, die größer ist als die Summe einzelner Ich-AGs.

Conclusion

Zwischen dem „Ich" und dem „Wir" gibt es keinen klaren Pfad. Nur diesen Raum dazwischen. Die Frage ist nicht, ob wir Balance brauchen, sondern Stimmigkeit. Nicht, ob Roboter pflegen können, sondern wo das

Menschliche unverzichtbar bleibt. Nicht, wie man Traditionen bewahrt, sondern wie man ihren Geist weiterentwickelt.

Wahre Resilienz entsteht dort, wo wir erkennen, dass wir alle im selben Boot sitzen. Nicht aus Idealismus, sondern aus Notwendigkeit. Die Antwort liegt nicht in Japan oder Deutschland. Sie liegt in unseren täglichen Entscheidungen. In unserem Mut, das Selbstverständliche zu hinterfragen.

„Würden wir helfen?" Ein Blick auf Resilienz, Zusammenhalt und die Frage, wie wir eigentlich leben wollen

Haben Sie schon einmal von Renesas gehört? Die meisten Menschen nicht. Eine Fabrik in Naka, Japan. Einer der Weltmarktführer für Mikrochips. Unsichtbar für viele und doch unverzichtbar. Dann geschah etwas, das mehr über unsere Zeit erzählt als jeder Wirtschaftsbericht.

Wir leben in einer Zeit des Ich. Ich-Marke. Ich-Karriere. Ich-Ziel. Die Ich-AG floriert. Bis sie plötzlich alleine dasteht. Dann, wenn es ernst wird. Und manchmal wird es ernst. Wie 2011. Das große Beben. In Tōhoku, Japan. Ein Erdbeben der Stärke 9,0, ein Tsunami, eine Katastrophe.

Ganze Städte verschwinden. Stromnetze fallen aus. Zehntausende verlieren alles.

Und plötzlich steht eine Gesellschaft vor der Frage: Wer hilft, wenn niemand helfen muss?

Wer bleibt, wenn das Ich alleine ist?

Bei Renesas wurde diese Frage plötzlich real. Das Werk in Naka: Zerstört. Produktion? Undenkbar. Zukunft? Ungewiss. Doch dann geschieht etwas, das in keinem Businessplan steht. Hilfe. Von überall. Toyota. Nissan. Honda. Panasonic. Denso. Sony. Wettbewerber. Kunden. Zulieferer. Keine Verträge. Keine Bedingungen. Nur Haltung. Alle schickten Menschen. Erst Hunderte, dann Tausende. Ingenieure, Produktionskräfte, Handwerker. 80.000 weltweit, die kamen, um etwas zu retten, das nicht ihnen gehörte (Renesas 2018). 80.000, die erkannten, dass die Grenzen zwischen „mein" und „dein" eine Erfindung sein könnten, die uns mehr schadet als nützt.

Würden in Deutschland Wettbewerber ihre besten Leute schicken? Würden Fremde helfen ohne Vertrag, ohne Gegenleistung? Die Antwort ist differenzierter, als es der erste Blick vermuten lässt.

Ja, wenn Katastrophen wie die Flut im Ahrtal 2021 uns erschüttern, sind wir zu außergewöhnlicher Solidarität fähig. Tausende Freiwillige mit Schaufeln und Tatkraft, ein bewegendes Bild. Doch es bleibt die Ausnahme, der Notfall, die temporäre Unterbrechung unseres Systems.

Was in Japan geschah, war etwas anderes: keine spontane Hilfswelle, sondern der Ausdruck eines tief verankerten kulturellen Selbstverständnisses. Unternehmen, die ihre besten Kräfte nicht für Tage, sondern für Monate abstellten. Eine Hilfe, die nicht aus dem Impuls des Moments geboren wurde, sondern aus der Überzeugung: Das System funktioniert nur als Ganzes.

Bei uns überwiegt im Alltag oft eine andere Logik: „Ist nicht mein Problem." „Dafür bin ich nicht zuständig." „Was habe ich davon?" Wenn heute von „Resilienz" die Rede ist, diesem Modewort unserer krisengeplagten Zeit, dann geht es meist um das Ich. Um individuelles Durchhalten, nicht um kollektives Zusammenhalten.

Die Menschen in Japan scheinen etwas begriffen zu haben, das uns schwerfällt. Vielleicht, weil sie in einem Land leben, das regelmäßig erschüttert wird, von Naturgewalten, die keine Rücksicht nehmen. Vielleicht, weil ihre Kultur das Wir vor das Ich stellt. Oder weil sie gelernt haben, Probleme gemeinsam zu lösen, nicht theoretisch, sondern ganz praktisch. Die Reaktion auf das Beben zeigt: Wahre Resilienz ist etwas Gemeinsames. Sie beginnt mit einem einfachen Gedanken: Wir sitzen alle im selben Boot.

> **Beispiel**
>
> Ich bin in Deutschland aufgewachsen, mit japanischen Wurzeln. Ich kenne beide Welten, die des Individualismus und die der Gemeinschaft. Beide haben ihre Schattenseiten. Aber in Krisenzeiten zeigt sich, was trägt und was brüchig ist. Während ich in einem Berliner Café sitze, beobachte ich die Menschen um mich herum. Jeder in seiner eigenen digitalen Welt, im eigenen Takt, mit eigener Agenda. Und ich frage mich: Wären wir heute überhaupt noch fähig zu so einer Antwort? Hätten wir noch die Sprache? Die Vorstellungskraft? Die innere Kraft für echte Solidarität? Ich weiß es nicht. Aber ich weiß: Wir müssen es versuchen. Nicht aus Romantik. Nicht aus Idealismus. Sondern weil unsere Zukunft davon abhängt, ob wir erkennen, was wir längst sind: aufeinander angewiesen, miteinander verbunden, füreinander verantwortlich.

Japan weiß, dass alles zerbrechen kann. Dass der Boden unter den Füßen plötzlich nachgibt. Diese Erfahrung schafft Demut. Und aus dieser Demut entsteht Zusammenhalt. Ich weiß nicht, ob wir diese Lektion lernen, bevor uns die nächste Krise aus der Bahn wirft. Aber ich hoffe es. Denn wenn es ernst wird, zählt nicht, wer am besten allein klarkommt. Denn dann steht die Ich-AG einsam da.

> Gemeinschaft ist kein Nice-to-have. Sie ist das Rückgrat unserer Resilienz. Sie ist das Versprechen, das wir einander geben. Wenn es keinen Applaus gibt. Keine Likes. Keinen Preis. Nur uns.

Literatur

Coup du Monde de la Pâtisserie (o. D.). *Pastry World Cup.* https://www.cmpa-tisserie.com/en/grand-final. Zugegriffen: 7. April 2025

Fuh-mi (2023). *Takeda Shingen: The Legacy of Fūrinkazan and the Art of War.* Fuh-mi Japanese Calligraphy. https://www.fuhmi.com/post/takeda-shingen-the-legacy-of-fūrinkazan-and-the-art-of-war. Zugegriffen: 3. Mai 2025

Maé Innovation (2025). *Japan triumphiert bei der Patisserie-Weltmeisterschaft 2025.* https://mae-innovation.com/de/japan-triumphiert-bei-der-patisserie-weltmeisterschaft-2025/. Zugegriffen: 7. April 2025

Maikoya. (2019) What is BUSHIDO? https://mai-ko.com/travel/japanese-history/samurai/bushido-the-code-of-samurai/. Zugegriffen: 30. Juni 2025

Max M. (2024). *Unveiling the Tiger of Kai: The Legacy of Takeda Shingen.* Sengoku Chronicles. https://sengokuchronicles.com/unveiling-the-tiger-of-kai-the-legacy-of-takeda-shingen-in-the-sengoku-era/. Zugegriffen: 3. Mai 2025

Renesas (2018). *Renesas – Recovery.* https://www.renesas.com/en/video/renesas-recovery. Zugegriffen: 7. April 2025

Reuters (2017, 23. August). *In Japan, robot-for-hire programmed to perfomr Buddhist funeral rites.* https://www.reuters.com/article/idUSKCN1B3134/. Zugegriffen: 3. Mai 2025

Spiegelhauer, R. (2024, 16. September). *Divers und größtenteils unpolitisch.* Tagesschau. https://www.tagesschau.de/ausland/amerika/emmy-awards-shogun-102.html. Zugegriffen: 18. April 2025

Statista Research Department (2025). *Average number of paid holidays actually taken in Japan from 2014 to 2023.* https://www.statista.com/statistics/797646/japan-average-number-paid-holidays-taken/. Zugegriffen: 6. April 2025

The Asahi Shimbun (2023, 4. April). *Japanese women sleep the least in OECD survey of 33 countries.* https://www.asahi.com/ajw/articles/photo/45830532. Zugegriffen: 6. April 2025

Fazit

Angekommen, aber nicht am Ende: Diese Reise zwischen den Wirtschaftswelten hat uns gezeigt, dass die wertvollsten Erkenntnisse oft in den Zwischenräumen liegen. Nicht im Entweder-oder, sondern im Sowohl-als-auch. Vieles, was wir als selbstverständlich betrachten, ist lediglich eine kulturelle Annahme. Eine Perspektive unter vielen. Der westliche Individualismus und die östliche Gemeinschaftsorientierung sind keine Gegensätze. Sie sind Ergänzungen in einer Welt, die beides braucht.

Gemeinschaft ist auch kein japanisches Konzept. Es ist zutiefst menschlich. Inmitten zunehmender Komplexität und gesellschaftlicher Spaltung wird die Fähigkeit, Gemeinschaft zu stiften und kulturelle Brücken zu bauen, zur entscheidenden Kompetenz: Nicht als moralische Pflicht, sondern als strategischer Vorteil.

Ich lade Sie ein: Werden Sie Teil einer Bewegung, die Grenzen nicht als Barrieren versteht, sondern als Begegnungszonen, die Erfolg nicht entweder an Quartalszahlen oder Generationendenken misst, sondern an beidem. Unser Weg beginnt mit einer einfachen Frage: Was können wir voneinander lernen?

Lassen Sie uns gemeinsam eine Wirtschaft gestalten, die sowohl effizient als auch menschlich ist. Die gleichzeitig wachsen und bestehen kann. Jede kulturelle Perspektive ist eine Facette im Prisma unserer Möglichkeiten. Je mehr wir durch dieses Prisma blicken, desto reicher wird das Spektrum unserer Lösungen. Sind Sie dabei?

GPSR Compliance

The European Union's (EU) General Product Safety Regulation (GPSR) is a set of rules that requires consumer products to be safe and our obligations to ensure this.

If you have any concerns about our products, you can contact us on

ProductSafety@springernature.com

In case Publisher is established outside the EU, the EU authorized representative is:

Springer Nature Customer Service Center GmbH
Europaplatz 3
69115 Heidelberg, Germany

www.ingramcontent.com/pod-product-compliance
Lightning Source LLC
LaVergne TN
LVHW011005250326
834688LV00004B/83